일상에서
천국을 맛보는
9가지 열매

# 일상에서
# 천국을 맛보는
# 9가지 열매

남우택 지음

국제제자훈련원

추천의 글

## 성경 전체를 관통하는 유심한 가르침

성령의 9가지 열매를 논하는 각 장의 제목은 내게 무척이나 유혹적이다. "돼지우리에서 나오라_ 사랑", "'도리어'의 법칙으로 살라_ 기쁨"… 우선 저자의 그 신선한 레토릭이 흥미롭다. 갈라디아서 5장 22-23절을 해설한 책일 것이라 예단했으나, 이 책에는 그것을 뛰어넘는 유심(幽深)한 가르침이 있다. 바로 다름 아닌 성경 전체를 관통하는 저자의 안목이다. 성령의 '열매'를 해설하되 갈라디아서 문맥에 머물지 않고 성경 전체를 꿰뚫는 남우택 목사의 안목이 새롭다. 그는 원근법적 접근으로 성령의 열매의 실체를 드러내고 있다. 저자의 오랜 묵상과 고뇌가 빚어낸 작품이다.

_**이상규**(고신대학교 역사신학 교수)

## 성도가 따라야 할 예수님의 길

오늘날 대다수의 그리스도인들이 예수님을 닮는 것보다도 그분의 사역과 선물에 더 많이 관심을 두고 있는 것으로 보입니다. 그 결과 한국 교회는 마치 세월호와도 같은 모습을 띤다고 하면 너무 지나친 표현이 될까요? 세상을 초월한다는 뜻을 가진 세월 호가 세상을 초월하지 못하고 욕망과 돈 바람 속에 파묻혀 좌초 한 모습은 무너져가는 한국 교회를 연상시킵니다.

　이 같은 차제에 남우택 목사님이 성령의 열매를 주제로 책을 내어 참으로 반가울 따름입니다. 평생 예수님 닮기를 소망해온 목사님의 마음을 담은 이 책이 우리 모두에게 가야 할 길을 제시 하는 지침서가 될 것이라 믿어 의심치 않습니다. 성도들의 일독 을 권합니다.

　　　　　　　　　　　　_**박은조**(은혜샘물교회 목사, 샘물 중·고등학교 이사장)

## 하나인 성령의 열매를 맺는 삶

평소 성경에 충실하려 애쓰는 남우택 목사님의 성품과 목회 신 학이 탁월하게 구현된 책입니다. 그 같은 노력의 하나로 이 책에 서는 성령의 열매가 헬라어·영어·한글 성경의 표현 그대로 '하 나인 성령의 열매'로서 잘 드러나 있습니다. 무엇보다도 코람데 오 신학교 강의에 참여하면서 나눈 생각을 성도들이 적용할 수 있는 방식으로 전해주는 목사님에게 감사드리지 않을 수 없습니다. 이 책을 통해 여러 측면에서 다양하게 표현될 수 있는, 그럼에도 오직 '하나인 성령의 열매'를 우리 모두가 삶으로 맺어나갈 수 있기를 소망합니다.  _이승구 (합동신학대학원대학교 조직신학 교수)

## 세상을 이기는 능력, 성령의 9가지 열매

크리스천의 지향점은 저 세상의 천국입니다. 비록 이 세상에 발을 딛고 살아가지만 우리는 천국 시민이기 때문입니다. 저 세상 천국에 들어서려면 이 세상을 지나야 합니다. 하지만 이 세상의 물결은 만만치 않습니다. 문명의 발달로 편리해졌지만 그것이 남긴 피해는 쓰나미가 되어 밀려오고 있습니다. 오늘날 우리는 크리스천의 경건함을 유지하고 살아가기에 얼마나 척박한 환경 가운데 놓여 있는지요?

　사랑과 존경으로 바라보는 친구 남우택 목사는 이전부터 이 세상의 실상을 파악하고 고뇌해왔습니다. 그리고 사람의 자기 능력이 아니라 성령님의 도우심이 해법임을 제시합니다. 성령님이 주시는 9가지 열매야말로 진정 세상을 이기는 능력인 것입니다. 이 책은 모든 사람이 공감할 수 있도록 적용이 잘되어 있습니다. 그의 순수한 교회 사랑과 감동적인 메시지를 이 책을 통해 확인할 수 있기를 바랍니다. **_김현규**(부암제일교회 목사)

## 30년 지기, 영적 의관의 약서를 펼치며

가난했던 신학생 시절, 항상 배가 고팠지만 빵보다 책 한 권을 사면 행복했다. 힘들게 책 한 권을 사서 '송길원' 하고 이름을 새겨두면, 내 이름 앞에 'To'라 쓴 뒤 'From 남우택'이라고 낙서(落書)를 하던 친구….

　머리가 아닌 가슴으로 쓴 이 책이 무기력과 침체 상태에 빠진 한국 강단과 성도들에게 새로운 활력소가 되면 좋겠다. 지금껏 남 목사의 삶을 지켜본 바로 나는 이렇게 말할 수 있다. 그는 유명의는 아닐 수 있으나 의술(醫術)보다는 인술(仁術)로 사람을 살리는 이 시대의 영적 의관(醫官)임에는 틀림없다는 것. 낙서(落書)가 낙서(樂書)로 바뀌는 데 걸린 30년. 잘도 고아낸 약서(藥書), 맞다.

**_송길원**(목사, 하이패밀리 대표)

머리말

# 성령 충만의 길 위에서

"당신의 두 아들, 여름에 절대 물가에 가지 말게 하시오. 그렇지 않으면 아들을 잃을 것이오."

점쟁이가 나의 모친에게 한 말이다. 이 말 때문에 그렇게 물이 흔한 부산에서 자랐으면서도 형과 나는 수영을 못한다. 수영을 못하다 보니 대학 시절 수학여행 때 들른 설악산 용소폭포에서 살짝 미끄러졌는데도 헤어 나올 수가 없어 빠져 죽을 뻔했다. 아이러니가 아닐 수 없다.

나는 집안 분위기상 목사가 되기 힘든 환경에 처해 있었다. 하지만 고등학교 시절 매년 열리는 전국학생신앙운동 동기수련회에 참석하여 '앞으로 어떤 삶을 살 것인가?'에 대한 결단을 촉구하는 기도회 시간에 "저 같은 사람도 쓰임받을 수 있나요?"라고 조심스럽게 물으며 하나님께 기도를 드렸다. 그 기도에 응답하신 하나님의 은혜로 목사가 되고, 목회를 한 지 30년이 넘었으니 참으로 감사할 따름이다.

강단에서 외친 설교를 종이에 활자로 담아내어 사람들 앞에 내어놓는다고 생각하니 조심스럽고 부끄럽기만 하다. 그럼에도 책을 내는 이유는 아주 소박하다. 23년째 뉴질랜드 한우리교회를 섬기며 설교한 성령의 열매에 관한 내용을 사람들과 더 많이 나누면 좋겠다는 생각이 들었기 때문이다.

이 책을 통해 무엇이 구원을 누리는 삶인지 깨닫고, 진정한 성령 충만의 삶에 대해 알았으면 하는 바람이다. 그리고 이 책이 우리네 삶을 풍성하게 해주는 영적 비타민이 되면 좋겠다.

책이 나오기까지 도움을 준 친구 송길원 목사와 멀리서 격려해준 친구 강성대, 김현규 목사에게 고마움을 전하며, 수고하신 국제제자훈련원 대표총무 박주성 목사님과 오은미 팀장님, 그리고 편집 팀의 소중한 손길들에 감사를 드린다.

지금까지 부족한 나를 세워주고 격려한 한우리교회 믿음의 식구들, 곁에 있으면서 늘 힘이 되어준 사랑하는 아내, 그리고 건강하게 잘 자라준 예랑, 예린, 기윤, 예은에게 감사의 마음을 전한다.

2014년 5월
뉴질랜드 오클랜드에서
**남우택**

일상에서
천국을 맛보는
9가지 열매

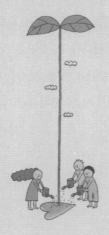

# 차례

프롤로그

# 성령의 은사보다 열매가 먼저다

"마귀는 성령의 은사는 모조할 수 있어도 성령의 열매는 모조하지 못한다"는 말이 있다. 참으로 의미 있는 말이다. 성령의 열매는 하나님이 그분의 자녀들에게 부어주시는 하나님의 성품이기 때문이다. 그럼에도 불구하고 오늘날 성령의 은사에만 집착하여 정작 누려야 할 성령의 열매를 누리지 못하는 사람들이 많다.

새가족 심방을 하다가 들은 이야기다. 어떻게 해서 우리 교회로 오게 되었느냐는 말에 그는 자신이 섬기던 교회가 분열되어 옮기게 되었다는 이야기를 했다. 사연인즉, 그 교회 교인들 중에 방언, 예언, 치유, 병 고침의 은사가 있거나 꿈과 환상을 보는 은사를 가진 교인들이 있었단다. 그런데 정작 그 교회의 담임목사는 이런 은사와는 거리가 멀었다. 교만해진 교인들은 목사를 두고 "방언도 못하는 목사, 은사도 없는 목사가 목사야?"라는 반응을 보였다. 결국 교인들은 시험에 들어 두세 패로 갈려 서로 싸우다가 뿔뿔이 흩어지게 되었다고 한다.

한국 교회는 물론 세계 교회에서 초능력을 드러내는 은사집회
가 성황을 이루고, 일부 은사주의자들이 '신사도'라 자처하며 폭
발적인 인기몰이를 하는 것은 어제오늘의 일이 아니다. 사실 초
능력과 신비는 기독교 신앙의 전유물이 아니다. 무속신앙이나 다
른 종교에서도 흔히 볼 수 있는 일이다. 안타까운 것은 교회 내
에서도 성령체험학교, 예언학교 운운하며 훈련을 통해 사역자를
배출하는 일이 국내는 물론 해외에까지 성행하고 있다는 것이다.

이런 상황을 보면서 교회 공동체도 감성과 주관, 직관적인 느
낌을 중시하는 포스트 모던 시대의 영향에 편승하고 있다는 느
낌을 지울 수가 없다.

나는 이 책에서 성령의 은사도 좋지만 그보다 먼저 성령의 열
매가 우리 삶에 맺히기 위해 노력해야 한다는 것을 말하고 싶었
다. 갈라디아서 5장에서 사도 바울은 다음과 같이 말했다.

"오직 성령의 열매는 사랑과 희락과 화평과 오래 참음과 자비와 양
선과 충성과 온유와 절제니 이 같은 것을 금지할 법이 없느니라"(갈
5:22-23).

이 책에서 나는 위의 말씀을 토대로 성령이 내주하시는 하나

님의 백성이 어떤 성품을 갖추어야 하는지를 이야기하며 총 9가지 성령의 열매에 대해 나누려 한다.

성령 하나님은 교회 공동체를 세우기 위해 성령의 은사를 주실 뿐만 아니라, 타락한 성품을 새롭게 변화시키는 성령의 열매를 맺게 하신다.

성령 하나님께로부터 성령의 은사를 받은 그리스도인은 반드시 성령의 열매를 맺기 마련이다. 만약 성령의 은사는 받았는데 교회 공동체의 덕을 세우는 데 방해가 된다면 그 은사는 모조된 것이거나 주의 뜻대로 사용하지 않은 것이다. 이민 목회를 하는 오랜 동안 은사를 받은 교인들이 자기들끼리 몰려다니고, 다른 교인들에 비해 자신들의 영적 수준이 높다고 여겨 다툼을 일으키는 경우를 보게 되었다.

예수를 믿어 성령이 내주하시는 그리스도인의 삶과 성령의 은사와 성품을 흉내 내는 사람의 삶은 분명 다르다. 사도 바울은 갈라디아 성도들에게 성령이 임하면 어떤 일이 일어나는지를 분명히 밝혔다. 그리고 반대로 육적인 행동만 일삼는 자들이 어떻게 되는지도 강조했다.

"육체의 일은 분명하니 곧 음행과 더러운 것과 호색과 우상 숭배와

주술과 원수 맺는 것과 분쟁과 시기와 분 냄과 당 짓는 것과 분열
함과 이단과 투기와 술 취함과 방탕함과 또 그와 같은 것들이라 …
이런 일을 하는 자들은 하나님의 나라를 유업으로 받지 못할 것이
요"(갈 5:19-21).

성령이 내주하시는 하나님의 사람들은 삶에서 성령의 열매를
확실히 맺는다. 성령은 예수님의 말씀을 기억나게 하시고 깨닫
게 하시는 분이기 때문이다. 9가지 성령의 열매는 예수님을 믿
을 때 성령이 주시는 새로운 성품이다. 우리가 말씀 안에서 경주
하며 성령의 열매를 맺을 때마다 새롭고 은혜로운 삶을 누리게
될 것이다.

# 1장

# 돼지우리에서 나오라

사랑

"또 이르시되 어떤 사람에게 두 아들이 있는데 그 둘째가 아버지에게 말하되 아버지여 재산 중에서 내게 돌아올 분깃을 내게 주소서 하는지라 아버지가 그 살림을 각각 나눠주었더니 그 후 며칠이 안 되어 둘째 아들이 재물을 다 모아 가지고 먼 나라에 가 거기서 허랑방탕하여 그 재산을 낭비하더니 다 없앤 후 그 나라에 크게 흉년이 들어 그가 비로소 궁핍한지라 가서 그 나라 백성 중 한 사람에게 붙여 사니 그가 그를 들로 보내어 돼지를 치게 하였는데 그가 돼지 먹는 쥐엄 열매로 배를 채우고자 하되 주는 자가 없는지라 이에 스스로 돌이켜 이르되 내 아버지에게는 양식이 풍족한 품꾼이 얼마나 많은 가 나는 여기서 주려 죽는구나 내가 일어나 아버지께 가서 이르기를 아버지 내가 하늘과 아버지께 죄를 지었사오니 지금부터는 아버지의 아들이라 일컬음을 감당하지 못하겠나이다 나를 품꾼의 하나로 보소서 하리라 하고 이에 일어나서 아버지께로 돌아가니라 아직도 거리가 먼데 아버지가 그를 보고 측은히 여겨 달려가 목을 안고 입을 맞추니 아들이 이르되 아버지 내가 하늘과 아버지께 죄를 지었사오니 지금부터는 아버지의 아들이라 일컬음을 감당하지 못하겠나이다 하나 아버지는 종들에게 이르되 제일 좋은 옷을 내어다가 입히고 손에 가락지를 끼우고 발에 신을 신기라 그리고 살진 송아지를 끌어다가 잡으라 우리가 먹고 즐기자 이 내 아들은 죽었다가 다시 살아났으며 내가 잃었다가 다시 얻었노라 하니 그들이 즐거워하더라"(눅 15:11-24).

## 사랑이 인간에게 미치는 영향

동유럽의 공산주의가 무너지면서 전 세계에 알려진 사실이 하나 있다. 그곳의 어린아이들이 국가에서 운영하는 고아원에 거주하는 동안 감옥과 같은 생활을 했다는 것이다. 아이들은 부모의 따스한 사랑 대신 고아원에 감금되어 자라야만 했다. 심지어는 대소변도 제대로 갈아주지 않고 유아용 침대에 갇혀 지내게 했다는 사실도 드러났다. 이런 사실이 서구 세계에 알려지자 사람들은 앞다투어 동유럽 아이들을 입양했다. 그러나 부모의 사랑을 받아보지 못한 아이들은 이미 정신적, 감정적 장애인이 되어 있었다. 다른 사람을 신뢰하지 못한 채 포악하고 거친 태도를 보였다. 자기애(自己愛)가 너무 강해 통제할 수 없는 분노가 자주 나타났고, 거짓말과 도벽을 일삼거나 음식을 절제하지 못해 폭식하는 강박적 성향이 드러났다. 이렇듯 인간은 받아야 할 사랑을 받지 못하면 한없이 비뚤어지고 왜곡된 자아상을 갖게 된다.

하나님의 형상을 지닌 인간은 사랑을 주고받으며 살 때 가장 큰 행복감을 누릴 수 있는 존재이다. 하나님은 사랑 그 자체이시기 때문이다. 과학자들의 연구에 따르면 사랑이 없을 때 마음의 병은 물론 육체의 질병에 걸릴 확률이 4배에서 7배까지 높아진다고 한다. 사랑은 우리의 마음뿐만 아니라 몸의 상태까지 좌우한다.

하나님은 우리에게 한없는 사랑을 베푸시는 분이다. 그러나 이 세상에는 사탄의 거짓말에 넘어가 사랑의 대상을 잘못 택함으로써 불행에 빠지는 사람들이 너무나 많다.

누가복음 15장에 등장하는 둘째 아들이 대표적인 인물이다. 탕자의 비유로 유명한 이 이야기는 아버지의 사랑을 외면하고 경히 여긴 한 인간이 자신의 잘못을 뉘우치고 돌아오는 내용을 담고 있다. 다시 말해 집을 나간 둘째 아들이 자신의 의지로 집에 돌아왔을 때 아버지가 기뻐하고, 둘째 아들은 그런 아버지의 사랑을 경험하면서 귀한 존재로 새롭게 태어난다는 이야기이다.

여기서 아버지의 사랑이란 바로 하나님 아버지의 사랑을 말한다. 현재를 사는 우리도 탕자처럼 하나님을 외면하고 세상의 노예가 되어 살아가고 있지는 않은가? 그러다가 한순간의 깨달음으로 하나님께 돌아오면 그분의 사랑 안에서 우리는 귀한 존재가 된다.

사도 바울은 하나님을 떠난 사람이 돌아오면 성령의 사람이 되어 공동체에서 사랑을 나누는 존재가 된다고 가르쳤다. 하나님을 사랑하고 다른 사람을 사랑하고 자신에게도 참된 사랑의

모습을 갖추면서 9가지 성령의 열매를 맺는데, 그 가운데 하나
가 사랑이다.

"오직 성령의 열매는 사랑과 희락과 화평과 오래 참음과 자비와 양
선과 충성과 온유와 절제니 이 같은 것을 금지할 법이 없느니라 그
리스도 예수의 사람들은 육체와 함께 그 정욕과 탐심을 십자가에
못 박았느니라"(갈 5:22-24).

과거에는 사탄의 유혹에 넘어가 잘못된 선택을 하고 탕자 같
은 삶을 살았을지라도 아낌없이 주시는 하나님 아버지께 돌아오
면 참된 사랑을 경험하게 된다. 그리고 그분을 따라 사랑의 사람
으로 거듭난다.

## 돼지우리에 빠진 인생

누가복음 15장을 보면 탕자인 둘째 아들은 자신에게 돌아올 유산
의 몫을 미리 챙겨 집을 나갔다. 그 순간 그는 자유를 만끽하며
마음대로 살 수 있다는 기대감에 가슴이 벅찼을 것이다. 하지만

세상이 그렇게 호락호락하지는 않다. 방향 없이 흥청망청 살던 탕자는 결국 빈털터리가 되어 돼지우리에 던져진 신세가 되었다.

"가서 그 나라 백성 중 한 사람에게 붙여 사니 그가 그를 들로 보내어 돼지를 치게 하였는데 그가 돼지 먹는 쥐엄 열매로 배를 채우고자 하되 주는 자가 없는지라"(눅 15:15-16).

그는 하던 일도 망하고 친구도 잃어 몸과 마음이 온통 상처투성이가 되었다. 하나님 아버지의 뜻 대신 자신이 좋아하는 삶을 선택한 결과의 참담함을 보여주는 대목이다. CEO 토드 홉킨스 (Todd Hopkins)는 그의 책 《행복한 사람》에서 "돼지우리는 하나님의 계획을 알지 못하게 하는 것"이라고 정의했다. 돼지우리란 단지 경제적으로 망해서 먹고살기 힘든 상황을 뜻하는 것이 아니다. 하나님의 뜻과 계획을 알지 못하여 수행할 수 없는 상황, 그것이 바로 돼지우리의 삶이다. 돼지우리에서는 어느 누구도 하나님의 사랑과 계획을 경험할 수 없다. 그곳에 머물러 있을수록 우리의 몸은 더욱더 더러워지고 무뎌진다. 그럼에도 불구하고 사람들이 돼지우리를 박차고 나오지 못하는 이유는 그곳마저 떠나면 인생이 더 비참해지지 않을까 하는 두려움과 미련 때문이다.

지금 하나님 아버지의 사랑을 경험하지 못하고 그분의 뜻을 이루지 못하는 상황에 직면해 있는가? 현재 나의 필요에만 몰두해 있지는 않은가? 그렇다면 우리가 서 있는 바로 그곳이 돼지우리일 수 있다. 사업이 잘되어 수입이 늘고 생활 수준이 높아졌다 해도 하나님의 사랑과 계획을 알지 못한 채 사는 것은 돼지우리나 다름없다.

하나님의 사랑과 계획의 중심에는 가족이 있다. 가족 간의 관계와 사랑은 하나님과 우리의 관계가 투영된 모습이기도 하다. 그래서 탕자의 비유에서도 아버지와 아들의 관계에 빗대어 하나님의 사랑을 이야기하고 있다.

요즘 유행하는 유머 중에 남편과 아내에 대한 것이 꽤 있다. 페미니즘이 강세인 요즘, 대부분의 남편들은 가정에서 찬밥 신세로 전락할 때가 많은데, 오죽하면 이런 유머까지 생겼을까 싶다.

집에서 밥을 한 끼도 안 먹는 남자는 '영식님', 한 끼 먹는 남자는 '한식씨', 두 끼 먹는 남자는 '두식이', 세 끼 먹는 남자는 '삼식새끼'라고 한다는 것이다. 밥은 가족 사랑의 기본이다. 그래서 가족을 식구(食口)라고 한다. 가족은 밥을 같이 먹는 사람들이다. 밥을 통해 서로 마음과 사랑을 나눈다. 그러나 탕자와 같은 마음이 들어서는 순간 가족 사랑은 파괴되고, 따뜻한 밥상은 썰렁하고 차갑게 변한다.

사탄은 우리가 어떤 상황에 있든지 하나님의 계획을 따르지 못하도록 유혹한다. 하나님의 사랑보다는 화려한 세상의 삶에 빠지도록 손짓한다. 《행복한 사람》에 등장하는 매튜가 친구에게 하는 말을 들어보자.

"젊어서 한창 일할 때는 매일 야근에다 주말에도 일만 했지. 밤늦게 돌아와 잠만 자고 아침에는 일어나자마자 도망치듯 출근을 하면서 말이야. 아내의 불만이 무엇인지, 무엇 때문에 서운해하는지, 왜 딸이 아침마다 떼를 쓰는지 이해할 수가 없었어. 회사일도 힘들어 죽겠는데 가족들은 전혀 날 이해해주지 않는 것 같았어. 집에만 오면 모든 게 짜증스러웠지! 그러다가 사업을 시작했는데 엄청나게 잘되어 회사를 확장하는 것 외에는 아무것도 눈에 들어오지 않았어. 그러던 어느 날 집에 돌아왔더니 아내는 완전히 녹초가 되어 있었어. 감기 걸린 아들을 간신히 재우느라 지친 아내는 내게 따뜻한 말이라도 듣고 싶었던 것 같아. 그런데 나는 식탁에 앉자마자 회사 얘기만 했어. 그것도 모자라 어렵게 재운 아들이 잠에서 깨어나 동화책을 읽어달라고 했는데 나는 피곤하다고 말했지. 그때 아내가 나를 불러놓고 할 말이 있다고 하더군. 앤은 자신이 어떤 기분인지 정확

히 알려주었어. 그리고 무모한 사업 확장은 원치 않는다고 말하더
군. 자신은 남편이자 아이들의 아버지인 나를 잃고 싶지 않다는 거
야! 나는 화가 났고 불쾌했어. 문을 쾅 닫고 나와버렸지. 그런데 말
이야, 바로 그때가 내가 처음으로 제정신이 든 순간이었어. 내가 돼
지우리 안에 있다가 제정신이 든 게지. 나는 아내에게 달려가 진심
으로 아내를 안고 사과했어. 그리고 사업 확장을 그만두었지. 그랬
더니 아내의 사랑과 가족의 신뢰를 얻게 되었어. 그런데 재미있는
것은 그 후 사업이 더 잘되고 있다는 거야."

우리는 늘 가족을 위해 바쁘게 일한다고 말한다. 또 돈을 잘
벌어야 가정이 화목해질 것이라고 착각하며 산다. 하지만 그렇
게 가족을 외면한 채 돈 벌기에만 몰두한다면 가족의 불만이 쌓
임과 동시에 함께하는 시간은 점점 줄어든 채 서로를 원망하게
될 것이다. 그것이 돼지우리 같은 삶이 아니고 무엇이겠는가.
  성경을 보면 한 랍비가 예수님께 나아온다. 율법 분야에서는
성공한 사람으로 알려진 그는 하나님의 율법 중에서 가장 중요
한 것이 무엇이냐고 묻는다. 그때 예수님의 대답은 이러했다.

"네 마음을 다하고 목숨을 다하고 뜻을 다하여 주 너의 하나님을 사

랑하라 하셨으니 이것이 크고 첫째 되는 계명이요 둘째도 그와 같
으니 네 이웃을 네 자신같이 사랑하라 하셨으니 이 두 계명이 온
율법과 선지자의 강령이니라"(마 22:37-40).

우리 인생에 있어서 가장 중요한 것은 사랑의 관계를 누리는
것이다. 바로 하나님을 사랑하고 사람을 사랑하는 것이다. 그러
나 일을 사랑하고 돈을 사랑하는 잘못된 길을 선택한 결과 우리
의 삶이 돼지우리로 변하게 되었다.

사탄은 우리가 하나님과 바른 사랑을 하지 못하도록 끊임없이
유혹한다. 쉬지 않고 일하고 돈만 버는 데 혈안이 되도록 우리를
뒤흔든다. 우리가 조금이라도 그 유혹에서 벗어날라치면 더 화
려하고 그럴 듯한 물질로 우리의 마음을 붙잡는다. 그러므로 우
리는 사탄이 유혹하는 눈앞의 달콤한 당근과 하나님이 주시는
진정한 행복을 구별할 수 있어야 한다.

## 스스로 정신 차린 탕자

"이에 스스로 돌이켜 이르되 내 아버지에게는 양식이 풍족한 품꾼이

얼마나 많은가 나는 여기서 주려 죽는구나"(눅 15:17).

탕자는 어느 순간 스스로 돌이키며 정신을 차렸다. 돼지우리는 자신이 있을 곳이 아님을 깨달은 것이다. 돼지우리는 하나님의 자녀가 있어야 할 곳이 아니다. 그곳에 안주할수록 우리의 삶은 더욱 수치스러워지고 쓰디쓴 실패만 경험하게 된다. 그리고 결국 하나님 아버지의 사랑으로부터 멀어진다. 그러나 우리가 마음을 돌이켜 하나님 아버지께로 달려간다면 그분은 우리를 넉넉히 안아주실 것이다. 그것이 늘 한결같이 변함없으신 우리를 향한 하나님의 사랑이다.

만약 탕자가 자기 자신을 용납하지 못한 채 "난 바보 같은 놈이야. 난 아버지 앞에 설 자격이 없어. 난 인간쓰레기야!"라고 자책하며 주저앉아버렸다면 그는 영영 아버지의 용서와 사랑을 경험하지 못했을 것이다. 그가 정신을 차리고 아버지께 돌아왔을 때 비로소 아버지의 놀라운 사랑을 느낄 수 있었다.

그런데 어떻게 탕자가 스스로 돌이켜 아버지께로 돌아왔을까? 바로 아버지로부터 받은 사랑의 경험이 있었기 때문이다. 만약 그가 사랑 대신 무관심과 냉대를 받았다면 차라리 돼지우리에서 죽는 것이 낫다고 생각했을 것이다. 그는 아버지로부터 받은 사랑을 생각했고, 현재 아버지의 집에 있을 풍요를 떠올렸다. 그래서 "내 아버지에게는 양식이 풍족한 품꾼이 얼마나 많은가 나는 여기서 주려 죽는구나"(17절)라고 고백했다.

사람은 절체절명의 순간에 무엇을 생각하느냐에 따라 인생이 바뀐다. 탕자는 돼지우리에서 자기 연민에 빠져 허우적대지 않았다. 아버지를 생각했고, 아버지가 계신 집을 떠올렸다. 바로 그 순간 놀라운 에너지를 얻었다. "난 이 돼지우리에 있어야 할 존재가 아니야! 난 품꾼이라도 좋아. 아버지께 가면 거절하시지는 않을 거야!" 하며 돼지우리를 박차고 나온 것이다.

자신을 옥죄는 과거의 실수가 있는가? 자신을 죄책감으로 몰아넣는 죄가 있는가? 그렇다면 가장 절망적인 순간에 희망을 생각해야 한다. 돼지우리 안에서 죽을 생각을 하면 죽게 되지만 아버지의 집에 가서 살 생각을 하면 반드시 살길이 열린다.

과거의 실수 때문에 자기 연민이나 죄책감에 빠지지 말아야 한다. 왜냐하면 하나님 아버지의 사랑은 우리의 생각보다 훨씬 크기 때문이다. 하나님은 우리가 돼지우리를 떠나 아버지의 품으로 돌아오기만을 기다리신다. 사랑을 받으려면 사랑이 있는 곳으로 가야 한다.

## 모든 것을 품고 받아들이는 마음

탕자인 둘째 아들이 초라한 모습으로 돌아왔을 때 아버지는 기뻐하며 뛰어나와 아들을 맞았다. 그냥 맞이한 것이 아니라 목을 안고 입맞춤을 했다. 유산까지 챙겨 집을 나간 아들에 대한 원망은 눈곱만큼도 없어 보였다. 그저 집에 돌아온 아들이 기특하고 반가울 뿐이다. 아버지는 탕자인 아들을 사랑으로 용서하고 기꺼이 받아들였다. 하나님의 사랑은 이러하다. 어떤 순간에도 우리를 향한 사랑의 끈을 놓지 않으신다.

"하나님이 우리를 사랑하시는 사랑을 우리가 알고 믿었노니 하나님은 사랑이시라 사랑 안에 거하는 자는 하나님 안에 거하고 하나님도 그의 안에 거하시느니라"(요일 4:16).

사랑의 열매를 맺은 사람은 둘째 아들을 용납한 아버지처럼 다른 사람을 용납할 줄 안다. 자존감을 잃은 둘째 아들은 "아버지 내가 하늘과 아버지께 죄를 지었사오니 지금부터는 아버지의 아들이라 일컬음을 감당하지 못하겠나이다"(눅 15:18-19)라고 후회하며 부끄러워하는 마음으로 집에 왔다. 그런데 오히려 아버

29

지는 종들에게 "제일 좋은 옷을 가져와라. 반지를 끼워라. 신을 신겨라. 송아지를 잡고 잔치를 열라"고 말했다.

　이것은 무엇을 뜻하는가? 아버지는 둘째 아들이 자기 몫의 유산을 미리 챙겨 나가는 그 순간에 이미 아들을 용서하고 기다렸음을 의미한다. 그래서 아들이 돌아온 사실 하나만으로도 기뻐하며 잔치를 열고자 했다. 이처럼 하나님도 이미 죄 많은 우리를 용서하셨다. 다만 우리가 그분께로 돌아오기만을 기다리고 계신다. 분명 우리가 하나님께로 돌아가면 우리의 지난 죄를 덮으시고 "잔치하자!"라고 하시며 기뻐하실 것이다.

　하나님은 우리가 죄를 지은 존재임에도 불구하고 사랑하신다. 이러한 하나님의 사랑을 경험하려면 회개하고 하나님 아버지 앞으로 나아가야 한다. 하나님은 지금도 인내하시며 우리를 기다리신다. 우리를 위해 큰 잔치를 베풀기를 원하신다.

　사랑의 열매를 맺은 사람은 하나님 아버지 앞에 나아가 그분의 사랑을 경험하고, 그 사랑을 다른 사람과 더불어 나눈다. 하나님은 사랑하기 위해 존재하시는 분이며, 그분의 자녀인 우리들 또한 하나님의 사랑을 받으며, 그 사랑을 나누기 위해 존재하는 자들이다. 우리는 탕자를 용서하는 아버지의 성품을 닮아야 한다. 왜냐하면 하나님으로부터 받은 용서와 사랑의 DNA를 갖고 있기 때문이다.

성령의 열매인 사랑은 하나님의 사랑이지, 인간적인 사랑이 아니다. 인간적인 감정으로는 다른 사람을 완전히 용서할 수도, 용납할 수도 없다.

한 여인이 죽어서 천국 문 앞에 섰다. 베드로가 그녀를 기쁘게 맞이하며 말했다.

"천국의 문으로 들어가려면 단 한 가지 일만 정확하게 수행하면 되느니라. 그러면 하나님과 함께 영생을 누릴 것이다."

"한 가지 일이라는 것이 무엇입니까?"

여인이 초조하게 물었다.

"어렵지 않다. 사랑이라는 단어를 영어로 정확히 말하면 된다."

그녀는 아주 또랑또랑하게 "LOVE"라고 말했다. 베드로는 잘했다고 칭찬하면서 천국에 들어가도 좋다고 했다. 그런데 갑자기 베드로가 자리를 비워야 할 일이 생겼다. 베드로는 잠시 다녀올 데가 있으니 그녀에게 천국 문을 지켜달라고 부탁했다. 여인이 천국 문을 지키고 있는데, 한 사람이 천국 문 앞으로 왔다. 가만히 살펴보니 이혼한 전 남편이었다. 그 남자는 천국 문을 지키는 사람이 전처임을 발견하고는 몹시 불안해했다.

"걱정 마세요."

여인이 말했다.

"당신은 한 가지 일만 수행하면 천국 문을 통과할 수 있어요."

"그래? 그럼 내가 어떤 일을 해야 하지?"

"국화의 영어 철자를 정확히 말하면 돼요."

국화는 영어로 'chrysanthemum'인데, 남자는 이 긴 단어를 외는 데 실패하고 말았다.

이혼한 아내와 남편이 죽은 뒤에 천국 문 앞에서 만났을 때도 서로를 미워하고 원망하는 모습을 담은 우스갯소리다. 우리는 이처럼 상대방을 미워하는 마음을 떨쳐버리지 못하고 살 때가 많다.

그런데 탕자 이야기에 나오는 첫째 아들이 이런 종류의 사람이다. 첫째 아들 입장에서 보면 아버지의 재산을 탕진하고 빈털터리가 되어 돌아온 동생을 용납하기란 쉽지 않을 것이다. 탕자의 삶을 산 동생을 기쁘게 맞이하고 잔치를 여는 아버지의 마음을 어찌 이해할 수 있겠는가. 동생에 대한 질투심과 아버지에 대한 섭섭함과 원망이 뒤섞여 마음이 복잡했을 것이다.

첫째 아들의 마음은 인간적으로 충분히 이해가 된다. 하지만 하나님의 자녀인 우리는 첫째 아들의 마음보다는 아버지의 마음을 닮으려고 노력해야 한다. 그것이 하나님이 원하시는 사랑의 자세이기 때문이다.

교회에 미워하는 사람이 있으면 그 사람과 어울리지 않거나 교회를 떠나는 경우를 종종 보게 된다. 사랑으로 감싸고 용서해야 할 교회 안에서 미움과 원망의 감정이 싹틀 때마다 하나님은 우리를 바라보며 가슴 아파하실 것이다. 하나님은 우리가 서로 사랑하기를 원하신다.

"그의 계명은 이것이니 곧 그 아들 예수 그리스도의 이름을 믿고 그가 우리에게 주신 계명대로 서로 사랑할 것이니라"(요일 3:23).

우리가 예수를 믿고 하나님의 자녀 된 성품을 가지려면 용납하지 못한 사람들을 용서하고 받아들일 줄 알아야 한다.

## 진정한 사랑은 아낌없이 주는 것

우리는 사랑을 주는 사람, 그것도 아낌없이 주는 사람이 되어야 한다. 탕자의 비유에서, 주인공은 탕자가 아니라 아낌없이 사랑을 베푸는 아버지이다. 탕자의 비유는, 세리를 바라보며 경건하

지 못하다고 무시하고 경멸하던 바리새인들과 서기관들을 깨우
치기 위해 예수님이 사용하신 예화였다.

"아버지는 종들에게 이르되 제일 좋은 옷을 내어다가 입히고 손에

가락지를 끼우고 발에 신을 신기라"(눅 15:22).

아들이 돌아온 그 자체만으로도 기쁜 아버지, 모든 것을 아낌
없이 주는 아버지…. 어떻게 아버지는 탕자인 아들을 변함없이
사랑으로 보듬으며 받아들일 수 있었을까? 이유는 아주 간단하
다. 바로 아버지였기 때문이다.

탕자는 사탄의 유혹에 넘어가 아버지와의 관계보다 다른 것을
중시했다. 아버지를 아버지로 보지 않고, 그저 자신에게 필요한
물질을 공급해주는 물주(物主)로 생각했다. 예수님 당시 고대 근
동의 문화에서는 아버지가 임종하기 전까지는 아들이 유산을 물
려받을 수 없는 것이 관례였다. 따라서 유산을 미리 달라고 하는
것은 "아버지, 저는 아버지가 빨리 죽었으면 좋겠습니다"라고
말하는 것이나 다름없었다. 그것은 아버지로서는 말로 표현할
수 없는 모욕인 셈이다. 당시 유대인의 율법에 의하면 아버지의
명예를 손상시킨 아들은 돌로 쳐서 죽일 수 있었다. 그러나 탕자

의 아버지는 달랐다. 유산을 미리 주었고, 그 유산을 다 탕진하고 돌아왔을 때에도 좋은 옷을 입히고 반지를 끼우고 신발을 신기고 잔치를 베풀었다. 그야말로 '아낌없이 주는 아버지'의 모습을 보였다.

아낌없이 주는 사랑을 할 때 막힌 담이 무너지고, 꼬인 일이 풀린다. 사랑하지 못하면 내 마음이 불편하고 삶이 불행하다. 가족이나 이웃과 담을 쌓고 사는 것도 우리 자신이요, 불행을 선택하는 것도 우리 자신이다. 첫째 아들은 '무엇이 옳은가'에 치우쳐 동생의 실수와 잘못에 집착했다. 그러다 보니 마음에 분노가 일어나고 비판적으로 변했다. 하지만 아버지는 아들과의 관계를 중시했다. 그 관계는 그 무엇에 의해서도 쉽게 흔들리지 않았다. 사랑으로 계속 유지될 수 있었던 것이다.

"너희 아버지의 자비로우심같이 너희도 자비로운 자가 되라"(눅 6:36).

지금 자신의 삶에서 대면하기 어려운 사람이 있는가? 그 마음을 잘못 다스리면 영적으로 병들게 된다. 그러나 그들을 존중하고 소중하게 생각하면 사막과 같은 우리의 삶에 하나님의 복이 임한다.

하나님은 사랑이시다. 우리가 돼지우리를 떠나 사랑이신 하나님 안에 거할 때 모든 것을 품고 아낌없이 주는 사랑의 능력을 얻게 되리라 믿는다.

## 생각해볼 문제

많은 사람들이 스스로 잘못된 선택을 하여 탕자와 같이 살 때가 많다. 하지만 아낌없이 주시는 하나님을 깨닫고 믿음으로 돌아올 때 하나님의 형상을 지닌 인간다운 삶의 회복이 일어난다. 탕자의 비유를 통해 사랑의 삶을 어떻게 회복할 수 있는지 생각해보자.

1. 부모의 사랑을 제대로 받지 못하고 어린 시절을 보냈을 때 나타나는 일반적 증상은 무엇일까?

2. 자신의 삶에서 돼지우리는 무엇이라고 생각하는가?

3. 만약 돼지우리에서 나오려고 애쓰는데 그것이 쉽지 않다면, 그 이유는 무엇이라고 생각하는가? 자신을 주저앉게 만드는 요인은 무엇인지 생각해보라.

4. 탕자의 비유에서 가장 많이 도전받은 부분은 무엇인가?

## 핵심 성경 구절

"하나님이 우리를 사랑하시는 사랑을 우리가 알고 믿었노니 하나님은 사랑이시라 사랑 안에 거하는 자는 하나님 안에 거하고 하나님도 그의 안에 거하시느니라"(요일 4:16).

2장

# '도리어'의 법칙으로 살라

기쁨

"형제들아 내가 당한 일이 도리어 복음 전파에 진전이 된 줄을 너희가 알기를 원하노라 이러므로 나의 매임이 그리스도 안에서 모든 시위대 안과 그 밖의 모든 사람에게 나타났으니 형제 중 다수가 나의 매임으로 말미암아 주 안에서 신뢰함으로 겁 없이 하나님의 말씀을 더욱 담대히 전하게 되었느니라 어떤 이들은 투기와 분쟁으로, 어떤 이들은 착한 뜻으로 그리스도를 전파하나니 이들은 내가 복음을 변증하기 위하여 세우심을 받은 줄 알고 사랑으로 하나 그들은 나의 매임에 괴로움을 더하게 할 줄로 생각하여 순수하지 못하게 다툼으로 그리스도를 전파하느니라 그러면 무엇이냐 겉치레로 하나 참으로 하나 무슨 방도로 하든지 전파되는 것은 그리스도니 이로써 나는 기뻐하고 또한 기뻐하리라"(빌 1:12-18).

## 기뻐하고 기뻐하라

만약 누군가가 사는 것이 기쁘냐고 묻는다면, 과연 뭐라고 대답
할 수 있을까? 삶이 즐겁고 기쁠 수 있는 기준은 매우 다양하다.
그것이 돈인 사람도 있고, 출세인 사람도 있고, 건강인 사람도
있다. 많은 사람들이 지금보다 돈이 많고 건강하면 즐겁게 살 수
있을 것이라 생각한다. 물론 더 많은 재력으로 원하는 것을 손에
넣고 편하게 살 수는 있을 것이다. 그런데 그 마음은 정말 행복
할까?

2008년 4월 영국 BBC 방송의 설문조사에 의하면 영국 사람
들의 생활 수준은 30년 전에 비해 훨씬 높아졌다고 한다. 수입
이 많아져 소비 규모가 2.5배나 커졌고, 해외여행도 더 많이 다
닐 뿐 아니라, 여성 흡연율도 20퍼센트 줄어들어 평균수명이 늘
어났다는 것이다. 하지만 행복지수는 오히려 낮고, 성인 6명 중
1명꼴로 우울증 등 각종 정신질환을 앓고 있다고 한다. 이를 보
면 꼭 좋은 환경에서만 행복할 수 있는 것은 아님을 깨닫게 된
다. 즐겁게 사는 것은 물리적인 환경에 의해 좌우되는 것이 아니
라, 내면의 마음에 있다.

사도 바울은 희락, 즉 기쁨이 성령의 사람이 맺는 삶의 열매이

자 성품이라고 말한다. 여기서 말하는 기쁨은, 환경이 어려워도 그에 지배당하지 않고 기뻐하는 것이다. 하나님은 우리가 이 세상에서 사는 동안 힘들어도 기뻐하며 살기를 원하신다. 그러나 사탄은 세상을 미워하고 자신의 신세를 한탄하며 살도록 유혹한다.

어떤 사람이 갑자기 위가 아파서 급히 병원에 갔다. 병원 응급실에 도착해 누워 있으려니 이젠 살겠구나 싶은 생각에 미소가 지어졌다. 의사가 그 모습을 보고 간호사에게 "이분은 심각한 환자가 아닌 것 같아요. 웃고 있잖아요?" 하며 주사 한 대만 놔주고 퇴원시키라고 했다. 그런데 재미있는 것은, 그 사람에게 정말 통증이 싹 사라졌다는 것이다.

'웃음의 아버지'로 불리는 노먼 커즌스(Norman Cousins)는 치료가 거의 불가능한 관절염에 걸렸다. 하지만 그는 병에 걸린 것을 슬퍼하고 염려하는 대신 즐거운 노래를 부르고 희극을 감상하며 매 순간을 기쁘게 보냈다. 그리고 놀랍게도 1년 후에 그는 병이 말끔히 나았다.

이것은 우연의 일치가 아니다. 미소와 기쁨은 우리 몸을 살리고 삶을 역동적으로 만드는 에너지가 된다.

## 자신의 상황을 뒤집는 역발상의 힘

사도 바울이 처해 있던 환경은 삶의 기초를 뒤흔들어놓을 정도로 심각했다. 하지만 그는 "나는 기뻐하고 또한 기뻐하리라"(빌 1:18)라고 말하면서 어렵고 힘든 가운데에도 기뻐하는 삶의 지혜를 나누고자 했다.

사람들은 자신의 능력을 넘어서 어찌할 수 없는 위기를 만나면 대부분 낙심하고 좌절한다. 그러나 똑같은 위기 상황에서도 생각을 달리하면 기뻐할 수 있다. 사도 바울은 복음을 전파하는 목사요 선교사였다. 그런 그가 로마 감옥에 갇히게 되었다. 그는 복음을 전파하는 전도단의 리더라 할 수 있다. 전장에서는 보통 장수가 적군에게 붙잡히면 그 싸움은 끝난 것이나 다름없다. 장수가 잡힌 쪽의 군사들은 전투력을 상실하고 쉽게 굴복하게 된다. 그런데 사도 바울의 경우는 달랐다. 감옥에 수감된 그가 어떻게 말하고 있는지 들어보자.

"형제들아 내가 당한 일이 도리어 복음 전파에 진전이 된 줄을 너희가 알기를 원하노라"(빌 1:12).

여기서 "내가 당한 일"은 자신이 로마 감옥에 갇힌 죄수가 되어 시간과 공간의 제약을 받는 상태를 말한다. 그런데 사도 바울은 그것이 도리어 복음 전파의 진전을 이루었다고 이야기한다. 이 도시, 저 도시를 다니며 복음을 변증하고 성도들을 가르치며 훈련해야 할 사도 바울이 로마 감옥에 연금 상태로 갇혀 있는 상황은 누가 봐도 최악이었다. 그런데 사도 바울은 오히려 생각과 관점을 달리해 말하고 있다.

"이러므로 나의 매임이 그리스도 안에서 모든 시위대 안과 그 밖의 모든 사람에게 나타났으니"(빌 1:13).

사도 바울은 자신이 로마 감옥에 갇혀 있기 때문에 도리어 복음이 전파되어 로마 군인과 여러 사람들이 예수를 믿게 되었다고 말한다. 생각을 바꾸면 삶이 달라지고 새로운 에너지를 얻을 수 있다. 아무리 힘든 상황이라도 '괜찮아! 이 고난을 뛰어넘을 수 있어!'라고 생각하면 하나님이 새 길을 보여주실 것이다.

사도 바울은 자신이 감옥에 갇혔지만 도리어 복음 전파가 진전되고 앞으로도 계속 그럴 것이라는 희망을 가졌다. 감옥이라는 공간에서 자신이 기뻐해야 할 이유를 발견한 것이다. 이처럼

'도리어'라는 말에서 우리는 역발상의 아이디어를 얻는다.

역발상의 도전으로 인생 역전을 이룬 진수 테리(Jinsoo Terry)라는 사람이 있다. 그녀는 한국 여성으로서 미국을 대표하는 100대 여성 기업인으로 선정되었으며, 아시아 지도자 11인에 뽑히기도 했다. 남편과 함께 미국으로 이민 간 그녀는 의류회사에서 7년 동안 주말도 없이 일했음에도 불구하고 '당신은 재미없는 사람'이라는 이유로 해고를 당했다. 그러나 그녀는 좌절하지 않고 오히려 펀(fun) 경영 강사로 변신했다.

뒤늦게 샌프란시스코 주립대학교 경영학 석사(MBA) 과정에 들어간 그녀는 발표를 못한다는 지적을 받자 아예 최고 연설 전문가들을 고용해 회원제 회사를 차려 그들을 자신의 멘토로 삼았다. 이렇게 탄생한 비즈니스 클럽은 구글, 야후, 애플 등 실리콘 밸리의 직원들을 매료시켰다. 진수 테리는 멘토의 도움을 받아 미국의 각 기업과 대학을 비롯하여 빈, 포르투갈, 두바이 등을 누비는 최고 연설 전문가로 다시 태어났다. 나아가 AGC라는 기업을 창업해 펀 경영을 전파하고 있다. 우리나라에서도 서울 시장을 포함해 최고 간부와 경영진 들을 대상으로 '펀 경영', 즉 재미있게 창조적으로 서로를 돌보는 경영에 대해 강의를 했다고 하니, 그녀는 분명 역발상이 뛰어난 사람이다.

이처럼 자신의 환경에 주저앉지 않고 기쁨으로 일어서는 사람들은 새로운 인생길을 개척한다. 만약 사도 바울이 감옥에 갇혀 손발이 묶인 신세가 되었다고 하루 종일 한탄하며 지냈다면 복음 전파의 진전은 없었을 것이다. 그가 처한 상황에서는 당연히 원망의 기도가 터져 나올 수 있었다. "지금까지 제가 얼마나 주님을 위해 살았는데 저를 이렇게 버려두십니까? 다메섹 도상에서 부활의 주님을 만난 후, 한 번도 곁길로 가지 않고 십자가와 부활의 증인이 되지 않았습니까? 유대교 지도자, 수많은 철학자들과 정치가들의 음모를 당하면서까지 헌신했는데 왜 이리 힘들게 하십니까?"라고 말이다. 물론 자신이 처한 상황에서 불만을 토로하며 스스로 비관할 수 있다. 하지만 자꾸 어렵고 힘들다고 생각할수록 더더욱 불행의 늪에 빠져들 뿐이다.

사도 바울은 로마 감옥에서 많은 생각과 묵상을 했다. 자신의 삶을 깊이 돌아보는 가운데, 그는 마음속 깊은 곳에서 터져 나오는 기쁨을 누릴 수 있었다. 그는 늘 로마에 가서 복음을 전하게 해달라고 기도했다. 그런데 당시 로마로 가는 데에는 많은 위험과 장애 요소가 있었다. 사도 바울을 암살하기 위해 유대 율법주의 하수인으로 구성된 테러단이 이를 갈고 있었던 것이다. 그런 상황에서 그가 로마까지 죽지 않고 간 것은 기적과 같은 일이었다.

하나님은 한 치의 실수도 없으신 분으로 사도 바울이 암살당하지 않도록 로마 군대를 보내주셨다. 또한 예루살렘에서 로마까지 가려면 교통비가 많이 드는데 아무런 비용도 들이지 않고 갈 수 있게 하셨다. 재판을 받으러 가는 죄수 신분이기는 했지만 무사히 로마까지 왔다는 사실은 사도 바울에게 매우 놀라운 은총이었다. 사도 바울은 감옥에서 자신을 지키는 로마 군병들과 그 안에 있는 사람들에게 복음을 전할 수 있게 된 것에 감사하며, 하나님의 오묘하신 역사에 감탄했다.

스스로 어찌할 수 없는 환경의 어려움에 처해 있다면 생각을 바꿔보라. 그러면 오묘하게 역사하신 하나님으로 인해 기뻐할 수 있을 것이다. "나는 지금 어렵다. 그러나 난 도리어 기쁘게 생각할 것이다"라고 외치며 '도리어'의 법칙을 자신의 상황에 적용해보라. 또한 이해할 수 없는 상황이 벌어질 때마다 요셉이 형들 앞에서 했던 말을 떠올려보라. 자신을 죽이려 들고 종으로 팔아버린 원수 같은 형들 앞에서 애굽의 총리가 된 요셉이 신분을 밝혔을 때, 형들은 사시나무 떨듯이 두려워했다. 그때 요셉은 아주 멋진 말을 했다.

"당신들이 나를 이곳에 팔았다고 해서 근심하지 마소서 한탄하지 마소서 하나님이 생명을 구원하시려고 나를 당신들보다 먼저 보내셨나이다"(창 45:5).

노예로 팔리고 오해를 받아 감옥에 가는 등, 자신의 삶에서 일어난 모든 최악의 상황을 요셉은 '하나님이 나를 먼저 보내셨다'라며 달리 생각했다. 도무지 이해되지 않는 상황에서도 앞서 행하시는 하나님을 믿고 따를 때에만 성령의 열매인 기쁨을 누릴 수 있다.

## 기쁨을 선택하는 훈련

아무리 어려워도 기뻐하기로 마음먹으면 기뻐하는 삶을 살게 된다. 기쁨에도 훈련이 필요하다는 말이다. 대부분의 사람들이 기쁨과 행복을 같은 의미로 생각한다. 그러나 기쁨은 행복과는 차원이 다르다. 행복은 어떤 좋은 일이 일어났을 때 기분이 좋아지는 것이다. 그러나 기쁨은 보다 깊은 내적 의미가 있다. 기쁨은 내 삶의 선택이고 태도이다. 그래서 환경에 좌우되지 않는다. 어떤 상황이든지 우리가 기뻐하려고 선택하면 기쁜 것이 된다.

"그러면 무엇이냐 겉치레로 하나 참으로 하나 무슨 방도로 하든지 전파되는 것은 그리스도니 이로써 나는 기뻐하고 또한 기뻐하리라"(빌 1:18).

사도 바울은 주변 환경이 좋지 않은 상태에서도 자신은 기뻐하고 기뻐하리라고 말한다. 상황에 관계없이 기뻐하겠다고 선택한 것이다. 달라스 윌라드(Dallas Willard)는 "예수 그리스도를 닮기 위한 중요한 목표 가운데 하나는 하나님 나라에 역행하는 우리의 자동적인 반응들을 제거하는 것이다"라고 했다. 어려운 일을 당하고 사람들에게 오해와 멸시를 받을 때 분노하는 것이 우리의 자동적인 반응이다. 그러나 우리가 예수 그리스도를 닮은 성령의 사람이 되기 위해서는 자동적인 반응을 제거하는 훈련을 해야 한다. 그래서 야고보는 "내 형제들아 너희가 여러 가지 시험을 당하거든 온전히 기쁘게 여기라"(약 1:2)고 권면한 것이다.

사도 바울은 환경의 위기뿐만 아니라 인간관계의 위기에도 처해 있었다. 당시 교회 지도자들로부터 질시를 당하고 있었던 것이다. 사람 때문에 마음고생 하는 아픔은 참으로 견디기 어려운 일이다. 선교지에서 사역하는 선교사들과 대화를 나누다 보면 그들이 이구동성으로 하는 말이 있다.

"현지 사역은 어렵지 않다. 오히려 보람 있고 감사하다. 그런데 정작 힘든 것은 사역자들 사이의 갈등이다."

사도 바울이 로마 감옥에서 외롭게 지내며 많은 제한을 받고 있을 때 교회 지도자들은 그를 질시했다. 그래서 사도 바울은 "그들은 나의 매임에 괴로움을 더하게 할 줄로 생각하여 순수하지 못하게 다툼으로 그리스도를 전파하느니라"(빌 1:17) 하고 말했다. 여기서 그를 괴롭게 하는 자들이 누구인지 정확히 알기는 어렵다. 어떤 사람은 유대주의자들이라고 주장하기도 하고, 또 어떤 사람은 교회 내부 사람들일 것이라 말한다. 어쩌면 가장 가까이에서 동역자로 지내는 사람들이 사도 바울을 시기한 것일 수도 있다. 남이 잘되는 것을 시기, 질투하는 마음은 타락한 성품의 모습일 뿐이다. 그것을 떨쳐버리지 못하고 마음속에 품는다면 우리는 불행의 늪으로 빠져들고 만다.

이스라엘의 초대 왕 사울을 보라. 그는 다윗이 골리앗을 무찌르고 나자 그를 시기하기 시작했다. 이스라엘 여인들이 "사울이 죽인 자는 천천이요 다윗은 만만이로다"(삼상 18:7)라는 노래를 불렀기 때문이다. 사울은 그날로부터 불행해지기 시작하여 비참한 최후를 맞이했다. 결국 시기하고 질투하다가 평생을 불행하게 산 것이다. 우리는 이것을 '사울 신드롬'이라고 말한다. 불행의 길을 누가 선택했는가? 바로 사울 자신이다.

그러나 사도 바울은 사울 신드롬에 빠지지 않았다. 오히려 "그들이 순수하지 못한 동기로 복음을 전하고 있지만 결국 전파되는 것은 그리스도니 내가 기뻐해야 하지 않겠는가?"라고 말한다.

사도 바울은 기뻐하겠다고 결단하고 기쁨을 선택했다. 그는 실라와 함께 빌립보 감옥에 갇혔을 때도 기뻐했다. 그는 빌립보 지역에서 귀신 들린 여자아이의 병을 고쳐주었으나 그 아이를 통해 돈을 벌던 주인에 의해 감옥으로 가게 되었다. 실컷 매를 맞고 발에는 차꼬가 차인 채 감옥에 있었지만 한밤중에 그는 기도하며 하나님을 찬미했다.

"많이 친 후에 옥에 가두고 간수에게 명하여 든든히 지키라 하니 그가 이러한 명령을 받아 그들을 깊은 옥에 가두고 그 발을 차꼬에 든든히 채웠더니 한밤중에 바울과 실라가 기도하고 하나님을 찬송하매 죄수들이 듣더라"(행 16:23-25).

만약 사도 바울이 "실라, 우리 몰골이 정말 말이 아니군. 우리가 왜 이런 고생을 해야 하지? 우리 그만둘까?"라고 했다면 감옥에 있는 시간이 더 힘겹고 괴로웠을 것이다. 그러나 사도 바울과 실라는 하나님을 찬양하기로 결단했다. 찬양하며 기뻐하기로 선택한 것이다. 깊은 고난과 슬픔이 가득한 한밤중에 그들은 죄수들이 다 들을 정도로 하나님을 찬송했다.

깊은 고난 가운데 있는 한밤중에라도 기도하기로 선택하고, 찬송하기로 선택하라. 울면서도 기뻐하겠다고 선택한 후 하나님께 찬송을 올려드리라. 그러면 자신이 행복해지고 다른 사람도 행복해질 것이다. 만약 사도 바울과 실라가 신세타령만 하고 하나님을 원망했다면 어땠을까? 감옥에 있는 자들이 하나님의 복음을 듣고 변화되는 기적은 일어나지 않았을 것이다.

예수님이 십자가를 지시는 일은 고통이었다. 제자였던 가룟 유다의 배신과 베드로의 배신도 참을 수 없는 고통이었다. 그러나 예수님은 배신의 아픔에 잠겨 있지 않고 도리어 그들을 이해하셨다. 제자들뿐만 아니라 예수님을 모욕하는 수많은 군중을 향해서도 "아버지여, 저들을 용서해주십시오. 저들이 하는 것을 알지 못함이니이다"라고 하셨다. 더 놀라운 것은, 예수님은 십자가 앞에 있는 기쁨을 선택하셨다는 것이다.

히브리서는 "믿음의 주요 또 온전하게 하시는 이인 예수를 바라보자 그는 그 앞에 있는 기쁨을 위하여 십자가를 참으사 부끄러움을 개의치 아니하시더니 하나님 보좌 우편에 앉으셨느니라"(히 12:2) 하고 명확히 말씀하고 있다. 예수님은 기쁨을 선택하셨다. 기뻐하기로 결단하신 것이다. 그러므로 십자가를 참고 부끄러움을 개의치 않으셨다.

## 하나님을 바라보는 소망

우리는 자존심을 다치기 싫거나 상황에 예민하게 반응하여 갈등을 일으키고 시험에 넘어지는 경우가 많다. 사탄은 계속해서 우리 귀에 대고 속삭인다. "너는 이렇게 취급받아서는 안 되는 존재야! 네가 왜 이런 일을 당해야 해?"라고 말이다. 그러나 사도 바울은 성령의 사람으로서 갖추어야 할 기쁨의 성품으로 승리했다.

"이것이 너희의 간구와 예수 그리스도의 성령의 도우심으로 나를 구원에 이르게 할 줄 아는 고로"(빌 1:19).

사도 바울은 성도들의 간구와 예수 그리스도의 도우심을 잊지 않았다. 자신이 혼자가 아님을 인식했던 것이다. 그리고 다음과 같은 놀라운 고백을 한다.

"나의 간절한 기대와 소망을 따라 아무 일에든지 부끄러워하지 아니
하고 지금도 전과 같이 온전히 담대하여 살든지 죽든지 내 몸에서
그리스도가 존귀하게 되게 하려 하나니"(빌 1:20).

사도 바울은 자신을 뛰어넘어 온전히 담대함으로 자신의 몸에
서 그리스도가 존귀하게 되기를 원한다고 말했다. 이런 고백을
감히 어느 누가 흉내 낼 수 있을까? 하지만 하나님은 우리 모두
가 사도 바울과 같은 고백을 할 수 있기를 원하신다. 사도 바울
은 환경의 어려움 속에서 그리스도라는 소망을 붙들었다. 아무
리 힘들고 어려워도 내가 붙잡고 있는 소망만 있다면 기뻐할 수
있다.

한 아주머니가 남편이 공사장에서 허리를 다쳐 드러눕게 되자
조개잡이를 하며 어렵게 살림을 꾸려나가게 되었다. 이 가정의
딱한 사정을 알게 된 한 사람이 후원을 자처했다. 그 집에는 초
등학교 5학년과 3학년인 아들 둘이 있었다.

어느 날 후원자가 그 가정을 방문하여 앞으로의 계획을 묻자
아주머니는 힘없이 말했다.

"저희는 아무 희망이 없어요. 그럭저럭 굶지만 않고 살 수 있
으면 좋겠어요."

고생에 찌든 아주머니의 얼굴에는 슬픈 기운이 가득했다. 그러자 후원자가 말했다.

"아주머니에게는 든든한 두 아들이 있지 않습니까? 아이들이 공부도 잘하고 똑똑하니, 분명 나중에 성공할 거예요. 아이들을 보며 힘을 내세요."

아주머니는 후원자의 말에 미소를 지었다. 두 아들을 생각하자 미래에 대한 생각이 달라졌다. 자라나는 아이들을 통해 살아갈 이유와 소망을 갖게 된 것이다.

미래를 구체적으로 생각하면 살아갈 의욕이 생긴다. 절망 가운데에도 소망하는 법을 배우면 극복할 길이 보인다.

기쁨을 영어로 'JOY'라고 한다. 이 단어를 이렇게 풀이할 수도 있다.

"Jesus first, Others second, You third."

먼저 예수를 생각하고, 그다음에 다른 사람을 생각하고, 마지막으로 자신을 생각하면 기쁨 가운데 살 수 있다는 뜻이다.

이사야 선지자는 "네가 물 가운데로 지날 때에 내가 너와 함께 할 것이라 강을 건널 때에 물이 너를 침몰하지 못할 것이며 네가 불 가운데로 지날 때에 타지도 아니할 것이요 불꽃이 너를 사르지도 못하리니"(사 43:2)라고 했다.

사탄은 우리가 근심을 잔뜩 안고 문제와 씨름하다가 처절한 고통을 느끼도록 호시탐탐 덫을 놓고 있다. 그러나 세상의 그 어떤 환난과 위기도 우리를 넘어뜨릴 수 없다. 사탄은 우리를 유혹할 능력은 있어도 우리를 넘어뜨릴 능력은 없다. 하나님이 우리를 붙들어주시기 때문이다. 그러므로 물 가운데나 불 가운데로 행할 때에 결코 넘어지지 않으리라는 확신을 갖고 기쁨으로 임하는 그리스도인이 되어야 할 것이다.

자신의 힘으로 어찌할 수 없는 심각한 상황에서 기뻐할 수 있다는 것은 참으로 어려운 일이다. 그런데 사도 바울은 자신의 간증과도 같은 편지를 빌립보 성도들에게 쓰면서 성령 안에서 사는 사람이 맺는 삶의 열매가 무엇인지를 보여준다.

1. 예기치 못한 상황에 처했을 때 나는 주로 어떻게 반응하는지 생각해보라.

2. 기쁨과 행복의 차이가 무엇인지 말해보라.

3. 항상 기뻐할 수 있는 삶을 누리기 위해서는 어떤 훈련이 필요할까?

4. 특별히 나 자신이 개인적으로 누린 기쁨의 은혜를 떠올려보고 주변 사람들과 나누어보라.

핵심 성경 구절

"그러면 무엇이냐 겉치레로 하나 참으로 하나 무슨 방도로 하든지 전파되는 것은 그리스도니 이로써 나는 기뻐하고 또한 기뻐하리라"(빌 1:18).

3장

# 네가 좌하면 나는 우하리라

화평

"아브람의 일행 롯도 양과 소와 장막이 있으므로 그 땅이 그들이 동거하기에 넉넉하지 못하였으니 이는 그들의 소유가 많아서 동거할 수 없었음이니라 그러므로 아브람의 가축의 목자와 롯의 가축의 목자가 서로 다투고 또 가나안 사람과 브리스 사람도 그 땅에 거주하였는지라 아브람이 롯에게 이르되 우리는 한 친족이라 나나 너나 내 목자나 네 목자나 서로 다투게 하지 말자 네 앞에 온 땅이 있지 아니하냐 나를 떠나가라 네가 좌하면 나는 우하고 네가 우하면 나는 좌하리라 이에 롯이 눈을 들어 요단 지역을 바라본즉 소알까지 온 땅에 물이 넉넉하니 여호와께서 소돔과 고모라를 멸하시기 전이었으므로 여호와의 동산 같고 애굽 땅과 같았더라 그러므로 롯이 요단 온 지역을 택하고 동으로 옮기니 그들이 서로 떠난지라 아브람은 가나안 땅에 거주하였고 롯은 그 지역의 도시들에 머무르며 그 장막을 옮겨 소돔까지 이르렀더라 소돔 사람은 여호와 앞에 악하며 큰 죄인이었더라"(창 13:5-13).

## 갈등 관계를 회복하는 힘

일본의 파동학자 에모토 마사루(江本 勝)의《물은 답을 알고 있
다》라는 책을 보면 물을 통해 여러 가지 실험을 한 결과가 사진
과 함께 실려 있다. 컵에 담겨 있는 물을 향해 "죽어버리겠다"고
말한 후 특수 장치로 물을 동결시켜 관찰해보니 물의 결정체가
흉하게 깨져 있었다. 또한 컵 위에 '악마'라는 글자를 써서 붙여
놓았더니 결정체 가운데에 보기 흉한 구멍이 뚫렸다. 그런데 물
을 향해 "고맙습니다. 감사합니다"라고 말하면 물의 결정체가 아
름다운 육각형을 띠고, 그 물을 보고 "사랑해!"라고 말하면 가장
아름다운 결정체로 바뀌었다.

물도 사랑을 받으면 생기를 띠고 아름다워진다. 인간의 몸도
70퍼센트가 물로 되어 있다. 그러므로 서로 미워하고 갈등하게
되면 70퍼센트가 물인 인간의 몸속에 병이 생기지 않겠는가? 이
처럼 관계의 갈등은 우리의 몸과 마음을 파괴하고 깨뜨린다. 그
런데 그렇게 깨진 관계, 갈등 관계를 회복하는 힘이 바로 '화평'
이다.

서로 싸우려고 으르렁대는 개나 싸움닭을 본 적이 있는가? 그
들은 공격하기 일보 직전에 목의 털을 꼿꼿하게 세운다. 바로 그

순간에 엄청난 에너지가 분출된다. 그러나 그 에너지는 악한 에너지다. 세상에는 악한 에너지를 시시때때로 내뿜으며 사는 사람들이 있다. 무엇이 그리도 못마땅한지 불만투성이다. 누가 조금만 건드려도 톡 쏘아붙이고 불같이 화를 낸다. 그런가 하면 아무런 감정이 없는 것처럼 보이는 사람도 있다. 무감각한 얼굴에 표정에도 눈길에도 아무 변화가 없다. 의심의 벽, 미움의 벽, 불신의 벽을 쌓고 있기 때문이다. 이 역시 악한 에너지를 발산한다. 그러다 보면 삶은 메마르고 몸의 건강은 무너진다.

화평이란 여러 갈등 속에서 내뿜고 있는 이런 악한 에너지를 다 집어삼키는 능력이다. 크고 작은 갈등을 이기는 놀라운 성품이다.

## 가까이 있는 사람과의 화평

인간관계의 갈등은 언제나 가까이 있는 사람 사이에서 일어난다. 저 멀리 북극이나 남극에 있는 사람과 갈등할 일은 없다. 이 말은 화평해야 할 대상은 멀리 있지 않고 바로 내 주변에 있는, 나와 관련된 사람들이라는 것이다. 아브라함도 마찬가지였다. 아브라함은 예기치 못하게 조카 롯과 갈등 관계에 놓이게 되었다.

"아브람의 일행 롯도 양과 소와 장막이 있으므로 그 땅이 그들이 동
거하기에 넉넉하지 못하였으니"(창 13:5-6).

그 당시 육축은 매우 소중한 재산이었다. 따라서 육축을 먹일
물과 초원은 쉽게 포기할 수 없는 문제였다. 그런데 육축을 위한
물과 땅이 여의치 않자 아브라함과 롯의 목자들 사이에 싸움이
일어났다. 크게 보면 삼촌과 조카의 집안 사이에 갈등이 일어난
것이다. 그들은 본래 가까운 사이였다.

하나님은 아브라함에게 고향 친척 아비 집을 떠나, 지시할 땅으
로 가라고 하셨다. 아들이 없던 아브라함은 혼자 고향을 떠나자니
외로워서 평소에 예뻐하던 조카 롯을 데리고 갔다. 롯은 아버지
하란을 일찍 여읜 처지라 아브라함을 아버지처럼 잘 따르고 있었
다. 아브라함과 롯은 그만큼 좋은 사이였다. 그러나 육축을 먹일
물과 초원으로 인해 갈등이 생기기 시작했다. 갈등은 이렇게 가까
이 있는 사람들, 함께 일하는 사람들 사이에서 일어난다.

구약성경에서 대표적으로 볼 수 있는 심각한 갈등 중의 하나
는 야곱과 에서의 갈등이다. 그들은 가장 가까운 형제였다. 모세

역시 이스라엘 백성을 광야에서 인도할 때 형제자매인 아론 및 미리암과 리더십 문제로 갈등을 겪기도 했다. 사울 왕과 다윗도 심각한 갈등을 겪어야 했다. 사도행전 6장에서는 은혜와 성령이 충만했던 초대 교회 공동체에서 음식을 나누는 문제로 갈등이 야기된 모습을 볼 수 있다. 사도 바울과 바나바, 그리고 마가로 구성된 최초의 선교팀에서도 갈등으로 인한 심각한 말다툼이 일어났다.

결혼한 부부간에도 갈등이 있고, 부모와 자녀 사이에서도 갈등이 있으며, 함께 주님을 섬기는 공동체 식구 사이에서도 갈등이 있다. 뉴질랜드에 사는 사람과 러시아에 사는 사람, 북섬에 사는 사람과 남섬에 사는 사람 사이에 갈등이 생기는 것이 아니라 바로 내 옆에 있는 사람, 가까운 사람 사이에서 갈등이 일어나는 것이다.

그렇다면 왜 가까운 사람들 사이에 갈등이 생기는 것일까? 갈등의 중심에는 사탄의 유혹이 있다. 사탄은 선악과 사건 이후 아담과 하와를 갈등하게 하고 불행을 경험하게 했다. 그때부터 사탄은 부부 사이에 갈등을 일으키고 부모 자녀 사이, 그리고 믿음의 형제자매끼리 서로 갈등하게 만들었다. 그러므로 사탄이 일으키는 갈등은 성령의 능력인 화평으로만 해결될 수 있다.

우리는 가까이 있는 가족이나 교회 성도들과는 화평하지 못하면서 거리감이 있는 사람들과는 오히려 예의를 갖추며 잘 지낸다. 그럴 수밖에 없는 것이 멀리 지내는 사람과는 감정을 주고받을 일이 없기 때문이다. 늘 곁에 있는 사람에게는 소홀하고, 때때로 자신이 하고 싶은 대로 행동하여 상대방에게 상처를 입히기도 한다. 가까이 있기 때문에 감정의 영향을 받고, 서로를 모른 척하며 지내기가 쉽지 않다. 그렇다고 가까운 사람들과 늘 부딪히고 갈등하며 지낼 수는 없지 않은가.

디모데전서는 자기 친족, 특히 자기 가족을 돌보지 않으면 믿음을 배반한 자라고 강하게 말하고 있다(딤전 5:8). 그만큼 가까운 가족을 먼저 돌보고 살피는 일이 중요하다. 갈등이 일어날지언정 그것을 해결하고 평화를 되찾는 노력이 필요하다. 우리는 하나님의 화평을 보여주는 사람들로서 사명감을 갖고 갈등을 해결하려는 노력과 지혜를 발휘해야 할 것이다.


갈등이 일어나는 원인


사람들이 서로 부딪히며 갈등을 일으키는 이유는 무엇일까? 무엇 때문에 갈등하고 서로 싸우는 것일까? 그 원인을 살펴보면 다음과 같다.

첫째, 재산과 물질 때문이다. 아브라함과 롯의 갈등은 재산 때문에 야기되었다. 아브라함은 고향인 갈대아 우르를 떠나 가나안 땅으로 향할 때 조카 롯을 데리고 갔다. 가나안 땅에 정착하여 삶을 일구면서 아브라함은 롯을 정성스럽게 보살폈을 것이다. 그런데 롯의 재산과 육축이 많아지자 목자들 사이에서 서로 좋은 곳을 차지하려는 다툼이 일어났다.

둘째, 이기적인 본성 때문이다. 인간은 본래 이기적이기 때문에 갈등을 일으킨다. 사람들 사이의 갈등은 서로의 생각이 다르기 때문에 일어난다. 그런데 갈등의 대부분은 아주 사소한 것일 때가 많다. 교회에서도 마찬가지다. 예배 후 친교 시간에 밥을 먹을지 빵을 먹을지 고민하다가 의견이 갈린다. 여러 부서가 회의할 때 서로 편하고 좋은 장소를 쓰려고 하다가 갈등하기도 한다. 자신의 이기심을 충족시키려다 보면 세상의 모든 것이 갈등의 요인이 될 수 있다. 아무리 능력이 출중하다 해도 주위 사람들과 늘 갈등을 일으킨다면 그 사람은 무리에서 외면당하고 말

것이다. 하나님은 "할 수 있거든 너희로서는 모든 사람과 더불어
화목하라"(롬 12:18)고 말씀하셨다.

어떤 종류의 갈등이든지 갈등 그 자체는 문제가 되지 않는다.
중요한 것은 갈등에 대한 우리의 반응이다. 어떤 이유에서든지
갈등이 있을 때 그것에 잘 반응하고 처리하면 오히려 유익이 될
수 있다. 갈등에 잘 반응하면 에서와 야곱이 서로 화해하면서 얻
은 기쁨을 경험할 수 있다. 가까운 사람의 연약함을 감당함으로
써 서로 간에 기쁨을 경험할 수 있는 것이다. 그러나 분개한 상
태에서 계속 상대방을 공격하면 결국에는 사울 왕처럼 망하고
만다.

내 옆에 가까이 있는 사람과 갈등을 겪고 있는가? 그렇다면
이 갈등을 하나님이 풀어주시리라 믿고 적극적으로 기도하며 나
서야 한다.


## 갈등 해결의 유형

갈등이 생길 때 사람들이 취하는 해결 방안은 여러 가지가 있다.

첫째는 회피형이다. 마치 거북마냥 외부로부터 위협을 느끼면 머리와 다리를 쏙 집어넣고 위협이 사라질 때까지 가만히 있는 것이다. 갈등을 피함으로써 그것을 해결하려는 유형이다. 물론 가만히 내버려두면 시간이 해결해주는 경우도 있다. 하지만 갈등을 묵인하고 쌓아두기만 하면 언젠가 그 갈등이 눈덩이처럼 불어날 것이다.

둘째는 양보형이다. 나의 모든 욕심을 접는 것이다. 이는 포기가 아니라 새로운 방향을 향해 달려가는 것이며, 내가 상대를 품는 것이다.

셋째는 협상형이다. 타협하고 협상하여 합일점을 찾는 것이다. 자신의 입장을 명확하게 밝힌 다음에 줄 것은 주고, 받을 것은 받는 유형이다. 사도행전 15장에서는 이방인의 회심을 보고 형제로 받아들이자는 입장과 할례를 받게 하자는 장로들의 팽팽한 입장에서 서로 협상하며 하나님의 뜻을 이룬 경우를 볼 수 있다. 이는 갈등을 피하려고만 하지 않고, 상대방과 계속해서 이야기하고 서로의 입장을 이해하면서 일치되는 결론에 도달하려는 노력이다.

넷째는 관계 정리형이다. 함께 있으면 점점 더 악한 영향을 받거나 부적절한 관계에 있을 때 그 사람과의 교제를 끊는 경우이다. 예를 들어 이단에 빠진 친구와 갈등을 일으켰다면 아예 만나지 않기 위해 관계를 정리하는 것이 최선이다.

어떤 유형이든지 갈등은 풀어야 한다. 갈등이 계속 있다는 것은 팽팽한 긴장관계가 지속된다는 의미이다. 그러한 긴장은 서로를 지치게 만든다. 아브라함은 롯에게 먼저 손을 내밀었다. 이것은 결코 쉬운 일이 아니다. 대부분의 사람들은 갈등을 일으킨 원인 제공자가 먼저 손을 내밀고 사과해야 한다고 생각한다. 그런데 문제는 모든 사람들이 자신에게는 잘못이 없다고 여기는 것이다. 만약 아브라함이 "젊은 조카가 먼저 와서 양해를 구해야지, 삼촌인 내가 거론할 때까지 가만히 있으면 어떻게 하겠다는 거야"라고 말하며 롯을 괘씸하게 여겼다면 갈등은 사그라지지 않았을 것이다.

부부 사이에서 생기는 갈등 또한 마찬가지다. 아내는 '남자가 먼저 손을 내밀어야지'라고 생각하고, 남편은 '남자는 자존심 하나 갖고 사는데 여자가 먼저 머리를 숙여야지'라고 생각한다. 나이 든 사람은 젊은 사람이 먼저 머리를 숙여야 된다고 생각하고,

젊은 사람은 나이 들고 성숙한 사람이 먼저 화해의 악수를 청해야 한다고 생각한다. 그러다 보니 가정을 비롯한 인간관계 속에서 화평을 이루기가 힘들다. 갈등의 골이 깊어지면 두 사람을 중심으로 편 가르기가 형성되기도 한다. 그렇게 되면 갈등은 걷잡을 수 없이 커지고, 서로 평행선만 그은 채 자신의 주장만 내세우게 된다.

누가 먼저 갈등의 상황에서 손을 내밀어야 하겠는가? 성숙한 사람이다. 성숙한 사람이 먼저 손을 내밀고 화평을 청해야 한다. 아브라함은 롯에게 먼저 손을 내밀면서 중요한 말을 했다.

"우리는 한 친족이라 나나 너나 내 목자나 네 목자나 서로 다투게 하지 말자"(창 13:8).

이 말의 의미는 서로의 관계를 인식하자는 것이다. 우리는 삼촌과 조카 사이로 한 핏줄인데 이렇게 싸워서야 되겠느냐는 말이다. 이렇듯 아브라함은 롯에게 간절히 호소했다. 아브라함도 인간이니 롯에게 선뜻 손을 내밀며 말하기가 쉽지 않았을 것이다. 그렇기 때문에 하나님께 기도하고 생각한 후 롯에게 화평의 손을 내밀지 않았을까?

성숙한 태도는 하루아침에 생기는 것이 아니다. 우리의 약한 본성을 매일매일 훈련시키고 단련시킬 때 화평하려는 성숙함이 우리 안에 채워진다.

화평은 하나님과의 관계가 온전할 때 찾아온다. 그러므로 화평은 불완전한 인간에게서 비롯되는 것이 아니다. 화평은 하나님께로부터 오는 것이다. 즉, 화평이란 하나님과 죄인인 우리 사이에 죄를 제거하신 예수님을 만난 경험이 있는 사람만이 누릴 수 있다. 예수님이 이루신 화평을 경험한 사람만이 사람들과의 관계에서 화평할 수 있는 것이다. 믿는 자에게는 이 화평의 능력이 주어졌다. 이것을 인식하고 믿을 때 화평하는 성품이 우리에게 나타난다. 사도 바울은 그 같은 사실을 이야기하며 성도들을 격려한다.

"그러므로 우리가 믿음으로 의롭다 하심을 받았으니 우리 주 예수 그리스도로 말미암아 하나님과 화평을 누리자"(롬 5:1).

하나님과 화평을 누리는 자는 사람과 화평을 누리게 된다. 예수님은 "화평하게 하는 자는 복이 있나니 그들이 하나님의 아들이라 일컬음을 받을 것임이요"(마 5:9)라고 말씀하셨다.

11세기의 유럽 교회는 모슬렘에 대한 미움의 설교와 가르침을 전파했다. 그 결과 사람들의 마음속에 '모슬렘을 죽여야 한다. 예루살렘을 탈환하기 위해 모슬렘을 몰살시켜야 한다'는 생각이 가득 찼다. 그리고 이 같은 미움은 결국 십자군 전쟁을 일으켰다. 미움의 지배를 받아 십자군이 조직되고 파병되기 시작한 것이다. 그때 십자군 행렬을 보며 한 수도사가 예언을 했다.

"이 십자군 전쟁은 반드시 패하고 말 것이다. 미움이 동기가 된 전쟁은 하나님께서 축복하실 수 없다."

그러면서 그는 가슴에 총 대신 성경을 들고 적군을 찾아가 무력이 아닌 있는 그대로의 복음을 전하며 '십자가'의 회복을 부르짖었다. 이 평화의 십자군 수도사가 바로 아씨시의 성자 프란시스(Saint Francis of Assisi)이다. 그가 쓴 것으로 알려진 기도문의 내용은 다음과 같다.

"주여 나를 평화의 도구로 써주소서.
미움이 있는 곳에 사랑을
상처가 있는 곳에 용서를
분열이 있는 곳에 일치를
의혹이 있는 곳에 믿음을 심게 하소서.

주여 나를 평화의 도구로 써주소서.

오류가 있는 곳에 진리를

절망이 있는 곳에 희망을

어둠이 있는 곳에 광명을

슬픔이 있는 곳에 기쁨을 심게 하소서.


위로받기보다는 위로하며

이해받기보다는 이해하며

사랑받기보다는 사랑하며

주님을 온전히 믿음으로 영생을 얻기 때문이니


주여 나를 평화의 도구로 써주소서."


## 나를 희생하는 선택

이제 다시 아브라함과 롯의 이야기로 돌아가자. 먼저 손을 내민 아브라함이 갈등을 해결하기 위해 구체적인 제안을 한다.

"네 앞에 온 땅이 있지 아니하냐 나를 떠나가라 네가 좌하면 나는 우 하고 네가 우하면 나는 좌하리라"(창 13:9).

화평의 성품을 지닌 사람은 자신의 유익을 위한 쪽으로 선택하지 않는다.

예수를 믿는 한 농부가 있었다. 밤늦게까지 논에다 물을 대어 놓았는데 다음 날 아침에 보니 물이 다 빠져나가고 없었다. 밤새 힘들게 끌어올린 물을 누군가 빼간 것이다. 농부는 몹시도 화가 났지만 참기로 했다. 다음 날 밤에 또다시 물을 끌어올렸다. 그런데 이번에도 누군가 그 물을 쏙 빼갔다. 이런 일이 자꾸 되풀이되자, 농부는 밤새 논을 지킨 끝에 범인을 찾아냈다. 그는 이웃집 사람이었다. 농부는 일흔 번씩 일곱 번 용서하라는 성경말씀을 떠올리며 꾹 참았다. 그러나 생각할수록 분이 나고 용서하는 마음을 가지려 해도 마음이 편치 않았다. 농부는 목사님을 찾아가 물었다.

"목사님, 모든 것을 다 용서하기로 했는데, 왜 제 마음에 평화가 없을까요?"

"그 사람의 논에 물을 직접 대주기 전에는 평화가 오지 않습니다."

농부는 목사님의 말씀을 깊이 되새겼다. 자신이 진정으로 그를 용서하지 못했다는 생각이 들면서 그의 형편을 헤아리고 아예 물을 이웃집 논에 채워주었다. 그제야 농부의 마음이 한결 편안해졌다.

어설프게 용서하면 마음속에 찝찝함만 남는다. 아예 나의 것을 적극적으로 주면 마음이 편안해진다.

사도 바울은 "믿음이 강한 우리는 마땅히 믿음이 약한 자의 약점을 담당하고 자기를 기쁘게 하지 아니할 것이라 우리 각 사람이 이웃을 기쁘게 하되 선을 이루고 덕을 세우도록 할지니라"(롬 15:1-2) 하고 말했다. 어떤 사람은 성숙하고 어떤 사람은 미성숙하다. 성숙한 자가 강하다면 미성숙한 자는 약하다. 성숙한 자가 미성숙한 자의 약점을 감당하고 자기를 기쁘게 하는 일에 집착하지 않을 때 덕이 세워진다.

하나님과 우리 사이의 화평을 위해 예수 그리스도는 십자가에서 죽으심으로 값비싼 대가를 지불하셨다. 십자가의 도를 믿는 그리스도인 또한 인간관계에서 자신이 기꺼이 희생하고 지불하여 화평을 이루어야 한다. 나보다 연약한 자를 위해 내 것을 포기하고 화평을 이룬다면 하나님께서 더없이 기뻐하실 것이다.

갈등 관계를 끝내고 화평하기 위해서는 제안하는 사람이든 제안을 받는 사람이든 분별하여 결정해야 한다. 아브라함의 경우 조카 롯과 함께 지내면서 갈등을 해결하기를 원했을 것이다. 그러나 현실적으로 육축을 위한 물과 목초지는 제한되어 있고, 육축과 재산은 점점 늘어나는 상황이었으므로 함께 있을수록 갈등과 다툼이 더 잦아질 것은 불을 보듯 뻔했다. 그래서 서로 각자 나뉘는 것이 최선이라는 결론을 내렸다. 아브라함은 롯을 보내면 외롭고 쓸쓸해질 것을 알았지만 더 심각한 갈등이 일어나기 전에 서로 떨어져 지내기를 제안했다. 그리고 롯에게 먼저 좋은 땅을 선택하라고 양보했다. 그러자 롯은 우선 보기에 좋은 땅을 택했다.

"이에 롯이 눈을 들어 요단 지역을 바라본즉 소알까지 온 땅에 물이 넉넉하니 여호와께서 소돔과 고모라를 멸하시기 전이었으므로 여호와의 동산 같고 애굽 땅과 같았더라 그러므로 롯이 요단 온 지역을 택하고 동으로 옮기니 그들이 서로 떠난지라"(창 13:10-11).

롯은 몹시 기뻤다. 이제 목자들끼리의 다툼도 사라지고, 좋은 땅에서 마음껏 부를 축적하며 살게 될 것이라 여겼기 때문이다. 그는 자신의 선택을 탁월하다고 생각했다.

우선 내가 좋은 것을 선택하면 원하는 것을 얻는 것이기에 매우 만족스러운 기분이 든다. 그러나 선택할 때는 좋았는데 시간이 갈수록 후회되는 경우가 있다. 특히 나의 욕심이 작용한 선택이면 더욱 그렇다. 롯의 선택은 그의 가치관에 의하면 아주 잘한 것이었다. 그는 좋은 땅, 즉 돈과 편리함을 택했다. 그러나 그가 선택한 땅은 쾌락을 추구하는, 화려한 인간문화의 한복판이었다. 결국 가족의 도덕과 윤리와 신앙이 무너지면서 그들은 패가망신하고 말았다. 우리는 한번 잘못 선택하면 자신의 삶과 명예는 물론 자녀를 포함한 온 가문이 몰락할 수 있다는 사실을 알아야 한다.

롯은 거주지 선택을 잘못하여 가족이 잘못된 문화와 환경에 처하도록 만들었다. 나의 욕심을 채우는 선택은 그리스도인에게는 현명한 선택이 아니다. 여러 인간관계에서 갈등을 경험할 때 우리는 하나님의 뜻을 생각하고 눈에 보이지 않는 것까지 고려해야 한다.

사탄과 세상의 가치관은 우리를 사정없이 부추긴다. "좋은 기회야! 기회를 한번 잃는 것은 영원히 잃는 거야! 네가 먼저 선택해! 기회가 올 때 얼른 차지해"라고 유혹한다. 그러나 성령의 사람은 자기의 기쁨을 위해서가 아니라 다른 사람의 기쁨을 위해 선택함으로써 덕을 세워가고 화평을 만들어간다. 아브라함은 롯에게 "네가 좌하면 나는 우하고 네가 우하면 나는 좌하리라"(창 13:9)고 말했다.

삶은 곧 선택이다. 선택하기에 따라서 고통은 엄청난 기회일 수 있다. 롯을 떠나보낸 후 아브라함은 외롭고 쓸쓸했을 것이다. 어쩌면 아브라함의 선택은 고통일 수 있었다. 그러나 하나님의 백성으로서 화평을 만들어가는 위대한 선택이었다. 이러한 선택을 하게 되면 하나님께서 베풀어주시는 놀라운 위로와 축복이 임한다.

"롯이 아브람을 떠난 후에 여호와께서 아브람에게 이르시되 너는 눈을 들어 너 있는 곳에서 북쪽과 남쪽 그리고 동쪽과 서쪽을 바라보라 보이는 땅을 내가 너와 네 자손에게 주리니 영원히 이르리라"(창 13:14-15).

눈에 보이는 현재의 유익만 생각하지 말고 내일을 생각하며 결정하라. 화평하는 자는 영원한 내일을 예비하는 자이다. 그때 하나님께서 위로하시고 하늘의 축복을 받게 될 것이다. 가까이 있는 자를 살리기 위해 화평의 길을 제안하라. 나의 편견으로 인해 막힌 담이 있다면 허물겠다고 결단하라. 성령의 인도하심을 받아 삶에서 미움과 의심과 불평을 몰아내고, 주께서 주신 평강을 함께 누리는 축복의 사람이 되기를 기도한다.

요즘은 마치 화평하지 않고 살기로 작정한 세상 같다. 온통 갈등하는 소리, 전쟁 소리만 들린다. 복잡한 갈등의 상황에서 화평을 위해 양보하고 살다가는 바보 소리를 듣고, 제 앞가림도 하지 못하는 사람으로 취급받는 세상이 되었다. 그러나 사도 바울은 화평을 '성령의 열매'라고 했다. 긴장과 갈등 사이에서 어떻게 화평할 수 있는지 신앙의 선배 아브라함을 통해 배워보자.

1. 다른 사람과 심각하게 갈등한 경험이 있다면 이야기해보라.

2. 갈등을 처리하는 유형을 떠올려보고, 나는 주로 어떤 방법으로 갈등을 해결하고 있는지 말해보라.

3. 아브라함은 조카 롯과의 갈등을 어떻게 극복했는지 이야기해보라.

핵심 성경 구절

"할 수 있거든 너희로서는 모든 사람과 더불어 화목하라"(롬 12:18).

4장

# 길이 참으라

인내

"그러므로 형제들아 주께서 강림하시기까지 길이 참으라 보라 농부가 땅에서 나는 귀한 열매를 바라고 길이 참아 이른 비와 늦은 비를 기다리나니 너희도 길이 참고 마음을 굳건하게 하라 주의 강림이 가까우니라 형제들아 서로 원망하지 말라 그리하여야 심판을 면하리라 보라 심판주가 문밖에 서 계시니라 형제들아 주의 이름으로 말한 선지자들을 고난과 오래 참음의 본으로 삼으라 보라 인내하는 자를 우리가 복되다 하나니 너희가 욥의 인내를 들었고 주께서 주신 결말을 보았거니와 주는 가장 자비하시고 긍휼히 여기시는 이시니라"(약 5:7-11).

## 환경을 극복하는 능력, 인내

미국의 유명한 설교자 찰스 스탠리(Charles Stanley) 목사는 젊은 시절에 분란이 많은 교회의 임시 설교 목사로 지낸 적이 있다. 하루는 교인들이 모여 회의를 하고 있었는데 한 사람이 갑자기 일어나더니 사회를 보고 있던 스탠리 목사에게 다가와 그의 얼굴을 손으로 후려쳤다. 순식간에 주위는 쥐 죽은 듯 고요해졌다. 스탠리 목사는 뺨을 맞은 그대로 서 있었다. 얼마나 수치스럽고 모욕적인 순간인가. 그러나 그는 자신의 따귀를 때린 사람에게 감정적으로 맞서지 않았다. 그날 이후로 교인들은 찰스 스탠리 목사를 다시 평가하기 시작했고 그를 담임목사로 청빙했다. 그곳이 바로 애틀랜타 제일침례교회이고 그 후 교회는 부흥하기 시작했다.

보통 어떤 사람을 평가할 때 "저 사람은 성격이 좋지 않다. 성질이 괴팍하다"라는 식으로 말한다. 성격이 좋지 않다는 것은 자기가 하고 싶은 대로 행동한다는 의미이다. 화가 나는 순간 그 감정을 참지 못하고 폭발하게 된다. 그러다 보면 결국 실수하고, 후회하기에는 이미 늦게 된다.

성령의 열매 중 하나인 오래 참음은 인간관계뿐만 아니라 삶의 전 영역에서 필요하다. 예수님의 동생 야고보는 이렇게 말했다.

"그러므로 형제들아 주께서 강림하시기까지 길이 참으라 보라 농부 가 땅에서 나는 귀한 열매를 바라고 길이 참아 이른 비와 늦은 비를 기다리나니"(약 5:7).

야고보가 이 말씀을 기록할 당시 성도들은 험난한 세상 한복 판에서 고통스러운 핍박을 당하고 있었다. 이런 상황에 있던 성 도들에게 그는 "길이 참으라"고 했다. 예수 믿는 사람은 성령의 사람이므로 길이 참고 인내하며 환경의 어려움을 극복해야 한다 고 생각했기 때문이다.

야고보는 이 세상에서 참을 일이 너무나 많다는 것을 알았다. 어떤 영역에서도 참고 기다려야 열매를 맺을 수 있다고 여긴 것 이다. 야고보는 먼저 수확을 기다리는 농부를 예로 들고 있다. 지금 막 씨를 심었는데 내일 당장 열매를 기대하는 농부가 있겠 는가? 만약 땅에 씨를 심고 바로 싹이 나지 않는다고 불평하는 사람이 있다면, 그는 정말 어리석은 농부이다. 씨를 심었다면 열 매를 맺기까지 오래 참고 기다려야 한다.

내 마음에 안 드는 배우자, 순종하지 않는 자녀들, 나와 삶의 방식이 다른 사람들을 대하는 우리의 태도 역시 마찬가지다. 우 리는 길이 참아야 한다. 내가 마음에 안 들어 하는 사람 역시 나를 좋아하지 않을 수 있다. 각자의 입장이 있기에 우리는 화목한 인간관계를 위해 서로 참아야 한다. 우리가 몸담고 있는 일이나 자녀교육뿐만 아니라, 모든 자연세계, 신앙생활 등에서도 길이 참는 것이 필요하다.

케빈 쿨리(Kevin Cooley)는 "이 세상에는 재능이 있으면서도 성공하지 못하는 사람이 많다. 다른 사람보다 훌륭한 교육을 많이 받았고, 많은 능력을 가졌으면서도 성공하지 못한 사람이 많다. 그 이유는 인내하지 못했기 때문이다"라고 말했다. 참을성이 없으면 그 어떤 일에서도 열매를 기대하기가 어렵다.

요즘 의학계에서 서두름병(hurry sickness)이라는 용어가 통용되고 있다. 이 병은 어떤 상황에 처했을 때 급히 서두르는 바람에 정상적인 상태를 벗어나는 증상을 띤다. 심장마비로 죽는 대부분의 사람들이 서두름병 환자라는 연구결과도 나왔다. 육체의 질병뿐만 아니라 인간관계, 사업 등에서 실패하는 것도 기다리지 못하고 급히 서둘렀기 때문이라는 것이다. 잠언은 "발이 급한 사람은 잘못 가느니라"(잠 19:2)고 말했다.

중국 내륙 깊숙이 들어가 선교역사의 한 획을 그은 허드슨 테일러(Hudson Taylor)에게 선교사 지망생이 물었다.

"선교사님처럼 위대한 선교사가 되는 비밀은 무엇입니까?"

그때 허드슨 테일러는 이렇게 대답했다.

"첫째도 인내요, 둘째도 인내요, 셋째도 인내입니다."

선교현장에서 진정한 성령의 역사가 임하려면 병 고치는 능력이나 예언의 능력보다 인내의 능력이 중요하다. 겉으로 드러나는 화려한 은사가 아니라 오래 참음이라는 인내가 있어야 세상을 움직이는 힘을 발휘할 수 있는 것이다.

"너희에게 인내가 필요함은 너희가 하나님의 뜻을 행한 후에 약속하신 것을 받기 위함이라"(히 10:36).

농사를 짓는 데도 참고 기다려야 실한 열매를 얻는다. 씨를 심고 성급한 마음에 결실의 때를 기다리지 못하고 설익은 열매를 따는 농부는 어리석다. 마찬가지로 우리는 이 세상에서 갖은 어려움을 당해도 이 땅에 사는 동안 참고 참고 또 참아야 한다. 인내가 이 세상을 이길 수 있는 능력이기 때문이다. 오래 참는 자를 이기는 자는 이 세상에 없다. 인내하는 성도는 자신이 처한 상황을 원망하지 않고 이 땅에서 오래 참는다.

야고보는 인내하라고 하면서 "형제들아 서로 원망하지 말라 그리하여야 심판을 면하리라 보라 심판주가 문밖에 서 계시니라"(약 5:9) 하고 말했다. 재림하실 예수 그리스도를 기다리며 이 땅에서 사는 동안 서로 원망하고 불평하는 어리석은 모습을 보이지 말라는 것이다. 우리가 원망하고 불평하는 이유는 내가 부당한 일을 당했다고 생각하기 때문이다. 그런데 곰곰이 생각해 보면 자신의 잘못을 제대로 보지 못한 경우가 대부분이다. 냉철하게 살펴보면 자신에게도 잘못이 있을 수 있다. 그럼에도 불구하고 자신의 잘못은 숨긴 채 다른 사람을 원망하고 주변 사람들의 동정심을 얻고자 시간을 낭비한다. 우리가 성령의 사람이라면, 동정심을 얻는 일에 힘을 쏟기보다 하나님과의 올바른 관계 회복을 위해 노력해야 할 것이다.

야고보는 씨 뿌리는 농부 이야기를 통해 예수 그리스도의 초림과 재림 사이에 살고 있는 성도들의 삶의 자세에 대해 말하고 있다. 길이 참으라는 말을 세 번이나 강조하면서 참고 인내할 때 열매가 맺히고, 아름다운 그리스도인의 인격체로 승화가 된다는 것을 이야기하고 있다.

조개 안에서 진주가 만들어지는 경우만 보아도 우리는 인내의 결과를 짐작할 수 있다. 조개 속에 외부의 이물질이 들어오면 조개는 자기 몸속의 모든 에너지를 쏟아 호르몬을 만들어 이물질을 감싼다. 이물질이 자신의 몸 안에서 어떠한 거부 반응도 일으키지 못하도록 하는 것이다. 조개는 아픔을 참는 것에만 머물지 않고 계속해서 이물질을 감싸고 또 감싸면서 이물질이 영롱한 진주로 탄생되도록 한다.

때때로 우리 인생에 몹쓸 질병이나 불편한 인간관계가 침투할 때가 있다. 그것들이 우리 삶을 정신없이 뒤흔들어놓을 때 우리는 참기보다는 불평불만으로 일관하는 경우가 많다. 시련은 우리의 인내를 훈련하기 위해 파견된 것임을 잊지 말라. 인내하는 과정을 통해 우리의 속사람은 점점 성숙한 경지에 이르러 예수 그리스도의 형상을 온전히 이룰 것이다.

## 자신에게 맡겨진 일을 수행하면서 참으라

'오래 참는다'는 것은 무슨 의미일까? 그저 묵묵하게 꾹 참는 것일까? 인내는 단순히 참는 것만을 의미하지 않는다. 자신의 사명과 목표를 이루기 위해 계속 나아가는 것이 진정한 인내이다.

"형제들아 주의 이름으로 말한 선지자들을 고난과 오래 참음의 본으로 삼으라"(약 5:10).

선지자들은 주의 이름으로 하나님의 말씀을 전하면서 고난을 당하고, 고난을 당하면서 오래 참을 줄 알았다. 우리는 이것을 본으로 삼아야 한다. 슬픔과 상처와 아픔 때문에 그냥 주저앉아 가만히 있는 것이 참는 것은 아니다. 장애물이 가로막아도 물러서지 않고 나의 사명을 감당하는 것이 오래 참는 것이다.

인내는 믿음의 한 형태이다. 하나님을 신뢰하는 마음이 인내의 밑바탕에 깔려 있어야 한다. 그것은 우리가 직면한 문제를 하나님이 해결해주시리라는 믿음이다. 그러면 짜증과 분노로 점철된 우리의 마음이 하나님의 손길로 진정되고, 어느 순간 그 마음이 선하게 사용될 수 있다. 참고 인내하는 자는 "왜 나에게 이런 일이 일어났을까?"라고 질문하기보다 "하나님은 이 상황에서 내가 무엇을 배우기를 원하실까?"라고 질문해야 한다.

히브리서 11장은 믿음의 선배들이 어떻게 인내하며 승리했는지를 보여준다. 노아는 120년 동안 비가 오지 않는 수많은 나날을 쉼 없이 방주를 지으며 보냈다. 모든 사람들이 그를 정신 나간 사람 취급하며 조롱했다. 그러나 노아는 그들의 비웃음과 조롱에 개의치 않고 계속해서 배를 만들었다.

아브라함은 아들을 얻기 위해 하나님께서 약속하신 때로부터 25년이나 기다려야 했다. 모세는 이집트를 나와 이스라엘 백성을 이끌고 가나안을 향해 가는 동안 엄청난 원망과 불평의 소리를 들었다. 이스라엘 백성의 불평과 원망은 끝이 없었다. "이집트에는 매장지가 없어서 우리를 여기까지 데리고 와서 죽이려고 하느냐?", "이것도 마실 물이라고 우리를 여기까지 인도했느냐?"라며 사사건건 모세를 향해 불만을 토로했다. 하지만 모세는 그것에 휘둘리지 않았다. 그들을 이끌고 광야를 건너는 일을 포기하지 않았다. 그것은 하나님이 주신 사명이었기 때문이다.

사도 바울은 고린도 지역의 성도들을 이렇게 격려하고 있다.

"우리가 사방으로 우겨쌈을 당하여도 싸이지 아니하며 답답한 일을
당하여도 낙심하지 아니하며 박해를 받아도 버린 바 되지 아니하며
거꾸러뜨림을 당하여도 망하지 아니하고"(고후 4:8-9).

이는 "모든 사람이 나로 하여금 복음을 전하지 못하게 해도, 모든 상황이 내가 하는 일을 답답하게 하여도 나는 낙심하지 아니하며 버린 바 되지 아니하며 망하지 아니합니다"라는 담대한 믿음의 고백이다. 상황의 노예가 되지 않고, 세상의 유혹에 빠지지 않으며, 성령의 인도하심을 따라 계속 나아가겠다는 것이다. 성경은 이런 자세로 살아가는 사람을 인내한다고 말한다.

지금 이 순간 고난과 시험과 환난 가운데 처한 사람이 있을 것이다. 그 충격이 너무 커서 앞으로 나갈 엄두가 나지 않고, 계속 달리고 싶어도 발이 떨어지지 않는 사람이 있을 것이다. 그러나 용기를 갖고 이겨내야 한다. 모든 것을 다 포기하고 싶은 사람도 있겠지만, 용기를 갖고 참고 이겨내야 한다.

믿음의 선배인 선지자들은 고난이 와도 하나님의 말씀을 증거했다. 그들은 힘든 가운데에도 달리고 또 달렸다. 성경적인 인내란 그저 참기만 하는 것이 아니라 자신에게 맡겨진 하나님의 사명을 계속 수행하는 것임을 기억해야 한다.

## 주께서 주실 궁극적인 결말

그리스도인은 아무리 어려워도 주께서 주신 길을 포기하지 않고 인내하는 자세를 가져야 한다. 왜냐하면 하나님께서 축복의 결말을 주실 것이기 때문이다. 농부는 씨 뿌리는 일을 마땅히 해야 한다. 고난을 받아도 선지자는 하나님의 말씀을 전하는 것이 사명이다. 우리 각자에게 주어진 일을 참고 견디며 행할 때 우리는 하나님의 자비와 긍휼을 얻게 된다.

"보라 인내하는 자를 우리가 복되다 하나니 너희가 욥의 인내를 들
었고 주께서 주신 결말을 보았거니와 주는 가장 자비하시고 긍휼히
여기시는 이시니라"(약 5:11).

욥은 동방의 의인으로 유명했다. 그런 그에게 정말 수용하기
힘든 고난이 몰려왔다. 그때 욥의 친구들은 더없이 괴롭고 힘든
상태에 있는 욥을 찾아와서 한마디씩 정죄를 했다.
"잘 생각해봐. 자네에게도 우리가 모르는 죄가 있지?"
"그 죄 때문에 재산도 다 날아가고 자녀들도 죽은 거야."
"게다가 몸에 병까지 들었잖아. 죄가 없고서야 어떻게 이런 일
이 일어날 수 있겠나?"
하나밖에 없는 아내는 욥에게 저주와 같은 말을 퍼부었다.

"당신이 그래도 자기의 온전함을 굳게 지키느냐 하나님을 욕하고 죽
으라"(욥 2:9).

욥은 인내하기 힘들 정도의 상황에까지 이르렀다. 그럼에도
그는 하나님께 대한 신뢰와 믿음을 포기하지 않았다.

"그러나 내가 가는 길을 그가 아시나니 그가 나를 단련하신 후에는 내가 순금같이 되어 나오리라"(욥 23:10).

욥은 끝까지 인내함으로 결국에는 축복을 받았다. 그리고 그가 받은 축복은 전의 축복보다 갑절이나 많은 것이었다.

그리스도인이 인내해야 하는 이유는 하나님의 때가 있기 때문이다. 하나님은 언제나 하나님의 시간에 일하신다. 우리는 급하지만 하나님은 우리의 시간대로 역사하시지 않는다. 하나님은 우리의 시간 계획표를 따르시지 않는 분이다. 그러나 결코 더디신 분이 아니다. 하나님은 우리가 상황에 밀리기보다 하나님을 의지하고 기다리기를 원하신다.

"여호와 앞에 잠잠하고 참고 기다리라 자기 길이 형통하며 악한 꾀를 이루는 자 때문에 불평하지 말지어다"(시 37:7).

시편 기자는 여호와를 의뢰하고 기뻐하며 자기 길을 여호와께 맡기라고 말한다. 그리고 잠잠히 기다리면 된다고 말한다. 주님이 다시 이 세상에 오실 날을 기다리며 인내하면, 세상의 온갖 문제에 둘러싸여도 그리스도인은 행복할 수 있다.

"네가 나의 인내의 말씀을 지켰은즉 내가 또한 너를 지켜 시험의 때
를 면하게 하리니 이는 장차 온 세상에 임하여 땅에 거하는 자들을
시험할 때라"(계 3:10).

우리는 이 땅에서 거하는 동안 많은 시험을 만나지만 예수의
십자가 구원과 부활을 믿고 인내하며 성령과 더불어 살아간다면
반드시 승리할 것이다.

"성도들의 인내가 여기 있나니 그들은 하나님의 계명과 예수에 대한
믿음을 지키는 자니라"(계 14:12).

믿음을 지키고 인내함으로써 삶의 현장에서 구원을 경험하고,
다시 오실 영광의 주님으로부터 상급을 받는 우리가 되기를 바
란다.

생각해볼 문제

환난과 고통이 많은 이 세상에서 살아가는 동안 마음 상할 일이 많지만 그리스도인은 참고 인내해야 한다. 그러면 우리 속에서 역사하시는 성령님으로 인해 삶 가운데에서 인내의 열매를 맺을 것이다.

1. 견디기 힘든 상황에 직면했을 때 참아본 적이 있는가? 어떻게 참았고 왜 참았는지 이야기해보라.


2. 인내의 참된 의미를 나누고, 특별히 하나님이 나에게 주신 교훈을 사람들과 나누어보라.

핵심 성경 구절

"여호와 앞에 잠잠하고 참고 기다리라 자기 길이 형통하며 악한 꾀를 이루는 자 때문에 불평하지 말지어다"(시 37:7).

5장

# 평안히 가게 하라

친절

"그 후에 다윗도 일어나 굴에서 나가 사울의 뒤에서 외쳐 이르되 내 주 왕이
여 하매 사울이 돌아보는지라 다윗이 땅에 엎드려 절하고 다윗이 사울에게
이르되 보소서 다윗이 왕을 해하려 한다고 하는 사람들의 말을 왕은 어찌하
여 들으시나이까 오늘 여호와께서 굴에서 왕을 내 손에 넘기신 것을 왕이 아
셨을 것이니이다 어떤 사람이 나를 권하여 왕을 죽이라 하였으나 내가 왕을
아껴 말하기를 나는 내 손을 들어 내 주를 해하지 아니하리니 그는 여호와의
기름 부음을 받은 자이기 때문이라 하였나이다 내 아버지여 보소서 내 손에
있는 왕의 옷자락을 보소서 내가 왕을 죽이지 아니하고 겉옷자락만 베었은
즉 내 손에 악이나 죄과가 없는 줄을 오늘 아실지니이다 왕은 내 생명을 찾
아 해하려 하시나 나는 왕에게 범죄 한 일이 없나이다 여호와께서는 나와 왕
사이를 판단하사 여호와께서 나를 위하여 왕에게 보복하시려니와 내 손으로
는 왕을 해하지 않겠나이다 옛 속담에 말하기를 악은 악인에게서 난다 하였
으니 내 손이 왕을 해하지 아니하리이다 이스라엘 왕이 누구를 따라 나왔으
며 누구의 뒤를 쫓나이까 죽은 개나 벼룩을 쫓음이니이다 그런즉 여호와께
서 재판장이 되어 나와 왕 사이에 심판하사 나의 사정을 살펴 억울함을 풀
어주시고 나를 왕의 손에서 건지시기를 원하나이다 하니라 다윗이 사울에게
이같이 말하기를 마치매 사울이 이르되 내 아들 다윗아 이것이 네 목소리냐
하고 소리를 높여 울며 다윗에게 이르되 나는 너를 학대하되 너는 나를 선대
하니 너는 나보다 의롭도다 네가 나 선대한 것을 오늘 나타냈나니 여호와께
서 나를 네 손에 넘기셨으나 네가 나를 죽이지 아니하였도다 사람이 그의 원
수를 만나면 그를 평안히 가게 하겠느냐 네가 오늘 내게 행한 일로 말미암아
여호와께서 네게 선으로 갚으시기를 원하노라 보라 나는 네가 반드시 왕이
될 것을 알고 이스라엘 나라가 네 손에 견고히 설 것을 아노니 그런즉 너는
내 후손을 끊지 아니하며 내 아버지의 집에서 내 이름을 멸하지 아니할 것
을 이제 여호와의 이름으로 내게 맹세하라 하니라 다윗이 사울에게 맹세하
매 사울은 집으로 돌아가고 다윗과 그의 사람들은 요새로 올라가니라"(삼상
24:8-22).

## 그리스도인은 친절한 사람

살다 보면 여러 종류의 사람을 만나게 된다. 어떤 사람은 존경스럽고 늘 가까이 지내고 싶지만, 어떤 사람은 나에게 피해만 주고 자기 유익만 챙기므로 멀리하고 싶다. 나와 맞지 않는 이기적인 사람과 같이 지내다 보면 화가 나고 분노가 생긴다. 예수를 믿는 그리스도인도 다를 바가 없다. 그렇지만 우리는 성령의 능력으로 인간적인 본성과 분노를 누르고 그리스도가 원하시는 길로 나아가야 한다. 나를 해하려는 사람을 인자한 마음으로 받아들이기는 인간적으로 불가능하지만 성령님에게 의지하면 가능해진다.

사도 바울이 말하는 성령의 열매 가운데 '자비'는 친절을 의미한다. 친절은 헬라어로 '크레스토테스'인데, 이 말은 그리스도라는 의미를 가진 헬라어 '크리스토스'와 발음이 비슷하다. 그래서 1세기에는 그리스도인이 곧 친절한 사람으로 통했다는 이야기도 있다. 하나님의 나라에서는 사람과 사람 사이가 친절로 세워진다.

사울과 다윗의 관계는 친절이라는 성품을 잘 보여준다. 다윗의 친절한 성품을 통해 하나님 나라의 질서와 권위가 세워지는 과정을 함께 살펴보자.

## 복수 대신 친절을 베풀라

다윗이 골리앗을 무찌른 이후 사람들의 마음이 다윗에게로 향하자 사울은 다윗에 대한 시기심으로 불타올랐다. 그리하여 시시때때로 다윗을 없애려는 계략을 꾸몄고, 심지어 창을 던져 죽이려고까지 했다. 할 수 없이 다윗은 사울을 피해 도망 다니는 신세가 되었다. 그는 자신을 따르는 사람들 600여 명과 함께 들판과 야산에서 지냈다.

한번은 다윗이 하길라라는 곳에 있다는 것을 안 사울이 수천 명의 군사를 이끌고 그 지역을 포위했다. 그런데 다윗이 생포되기 직전에 블레셋 군이 쳐들어온다는 급한 전갈을 받았다. 사울이 발등의 불을 끄기 위해 되돌아간 사이 다윗은 엔게디 부근으로 피신했다. 이스라엘 야산에는 천연동굴을 포함하여 양들이 따가운 햇볕을 피할 수 있도록 파놓은 굴이 많이 있었다. 다윗과 그의 일행은 그런 동굴 속에 숨어 지냈다. 사울은 블레셋을 물리친 후에 다시 엔게디 부근에 있는 다윗을 쫓기 시작했다. 그러다가 용변을 보기 위해 동굴에 들어갔는데 그곳은 다윗과 부하들이 숨어 있는 굴이었다. 밝은 곳에 있다가 어두운 굴로 들어간 사울은 한동안 앞을 잘 볼 수 없었다. 그러나 굴에 숨어 있던 다

윗과 부하들은 그가 사울인지를 단박에 알아챘다. 부하들이 다
윗에게 말했다.

"하나님께서 주신 절호의 기회입니다. 오늘이 당신이 왕이 될
바로 그날입니다."

부하들의 말처럼 도망자의 신세를 끝낼 수 있는 기회가 다윗
의 눈앞에 펼쳐진 것이다. 그러나 다윗의 생각은 달랐다. 그는
사울 왕을 절대 해쳐서는 안 된다며 부하들을 만류하고, 사울의
옷 끝자락만 베었다. 다윗의 부하들은 그를 도무지 이해할 수 없
었다. '지금까지 고생하며 도망자의 신세로 산 것이 억울하지도
않은가? 한칼이면 사울 왕을 죽이고 왕위에 오를 수 있는데, 왜
다윗은 굴러 들어온 복을 걷어차는 것일까?'라고 생각하며 다윗
을 원망했을지도 모른다.

부하들은 눈 딱 감고 사울 왕을 처리해버리면 앞으로 탄탄대
로가 열린다고 말했지만, 다윗은 사울 왕에게 복수 대신 친절을
베풀었다. 복수의 기회가 왔을 때, 친절을 베풀 기회로 삼은 것
이다. 그는 사울 왕을 죽일 수 있는 천재일우와 같은 기회에 자
신의 욕심을 누르고 하나님의 성품을 드러냈다. 다윗이 사울 왕
을 죽이지 않고 그에게 간절히 호소하는 말을 들어보자.

"내 아버지여 보소서 내 손에 있는 왕의 옷자락을 보소서 내가 왕을
죽이지 아니하고 겉옷자락만 베었은즉 내 손에 악이나 죄과가 없는
줄을 오늘 아실지니이다 왕은 내 생명을 찾아 해하려 하시나 나는
왕에게 범죄 한 일이 없나이다"(삼상 24:11).

다윗은 끝까지 사울을 왕으로 섬기며 자신의 결백을 주장했
다. 자신의 손으로 복수하기보다 하나님께 맡기고 사울 왕을 존
중한 것이다.

오늘날 우리는 깨어진 인간관계와 서로를 원망하는 세상 속에
살고 있다. 부모와 자녀관계, 부부관계가 무너지고, 친구 사이의
우정이 작은 이해관계 때문에 쉽게 깨지고 있다. 함께 일하는 사
람이 서로의 이해관계 때문에 불편한 관계가 되기도 한다.

우리는 다윗을 통해 우리 자신을 보아야 한다. 다윗은 당당히
복수할 수 있는 좋은 기회를 만났음에도 불구하고 원수를 돌려
보냈을 뿐만 아니라 최상의 존경과 친절을 베풀었다. 하나님의
성품인 친절이 다윗의 왕권을 이루어간 것이다.

만약 다윗이 동굴에서 사울 왕을 죽였다면 쫓기는 도망자의
신세는 면했겠지만 온 백성들로부터 장인을 죽인 살인마라는 원
성을 들었을 것이며, 백성들의 존경도 받지 못했을 것이다. 이처

럼 복수의 기회를 하나님의 뜻에 의한 친절의 기회로 삼을 때 우리 자신을 높이 세우게 된다. 어떤 형편에서도 하나님의 자녀는 친절함으로 하나님의 나라를 세울 뿐만 아니라 우리 삶 가운데서도 높이 들림을 받을 수 있다.


## 하나님의 판단에 맡기라

다윗은 자신의 원수와도 같은 사울 왕을 코앞에서 간단히 처치할 수 있는 절호의 기회를 얻었다. 하지만 다윗은 그 유혹에 넘어가지 않았다.

> "여호와께서는 나와 왕 사이를 판단하사 여호와께서 나를 위하여 왕에게 보복하시려니와 내 손으로는 왕을 해하지 않겠나이다"(삼상 24:12).

객관적으로 사울과 다윗의 행적을 보면 누가 잘못했는지를 명백하게 알 수 있다. 분명히 사울이 잘못했다. 그래서 복수할 기회가 왔을 때 오히려 친절을 베푸는 다윗을 보며 그의 부하들은 분통을 터뜨렸다. 다윗 자신도 사울 왕이 분명히 잘못하고 있다는 것을 알고 있었다. 그러나 다윗은 "여호와께서 저와 사울 왕 사이를 판단해주십시오"라고 말했다.

우리는 자신의 기준에 의해 상대방을 판단하고 그가 행하는 일련의 행동에 제약을 가한다. 그러나 사람의 판단이 얼마나 불완전하고 자기중심적인가. 우리는 어떤 사람 자체를 객관적으로 판단하기보다 나와 어떤 관계에 있느냐에 따라 판단하는 경우가 대부분이다. 우리 편이면 무조건 좋다고 평하고, 상대편이면 무조건 나쁘다고 선을 긋는다. 사실 오늘날 이 땅의 수많은 사람들이 잘못된 판단과 편견에 의해 어려움을 당한다.

그렇다면 다윗은 왜 스스로 판단하지 않고 하나님이 판단하시도록 한 걸음 물러섰을까? 그 이유는 자신이 스스로 원수를 갚는 자가 되지 않기 위함이었다. 가끔 교회 내에서 갈등이 있는 사람들의 이야기를 들어보면, 상대방이 이렇게나 악할 수 있을까 싶을 정도이다. 하지만 상대방의 이야기를 들으면 상황은 또 달라진다. 서로 자기 입장에서 이야기하기 때문이다. 그래서 다윗은 함부로 사울 왕에게 복수하려 하지 않았다.

다윗은 하나님의 사람이요 성령의 사람이었다. 그는 용맹스러운 군인으로서 얼마든지 사울 왕에게 보복을 가할 수 있었다. 그

러나 그는 하늘의 법, 하나님의 뜻을 거스르는 것은 옳지 않다고
여겼다. 사울의 권세와 권위가 하나님께로부터 왔음을 인식하고
자기 손으로 그 권세를 가진 사울 왕을 처단하지 않은 것이다.
그는 "나는 결코 내 손으로 왕을 해하지 않겠습니다. 아무리 못
난 왕이라도 나 자신이 칼을 들고 위에 있는 권세를 파하지 않겠
습니다"라고 고백했다.

사울 왕은 다윗에게 개인적으로는 장인어른이요 국가적으로
는 왕이었다. 비록 자신을 죽이려 드는 원수이기는 했으나, 그는
이 모든 심판을 하나님께 맡겼다. 다윗은 하늘의 권세와 권위를
인정했다.

우리는 자신의 입장에서 모든 현상을 파악하고, 판단하고, 심판
한다. 하지만 이것은 자신이 하나님 노릇을 하는 격이다. 정도가
심해지면 결국 죄악이 되고 만다. 우리는 불편한 관계에 있는 사
람을 얼마든지 비판할 수 있다. 하지만 그 마음에 성령의 열매인
친절이 머물 곳은 없다. 내가 하나님이 되는 죄만 가득해질 뿐이
다. 원수에게도 친절을 베푸는 것이 하나님 나라의 질서이며 그분
의 뜻이다.


"내 사랑하는 자들아 너희가 친히 원수를 갚지 말고 하나님의 진노

하심에 맡기라 기록되었으되 원수 갚는 것이 내게 있으니 내가 갚
으리라고 주께서 말씀하시니라"(롬 12:19).

비록 철천지원수라도 우리 자신이 직접 보복해서는 안 된다.
내가 먼저 다른 사람에게 상처를 주지 않아야 하는 것이다. 어떤
일에도 가해자가 되지 말라. 가해자는 결국 후회하게 된다. 그리
스도인이라면 다른 사람을 비판하고 끌어내리는 사람이 되기보
다는 그를 세우고 덕을 베푸는 일에 앞장서야 한다. 다른 사람에
게 상처를 주는 일을 하기보다는 다윗처럼 하나님의 심판을 믿
고 기다려야 하는 것이다.

다윗은 사울을 죽이지 않았다. 그는 하나님이 사울을 처리하
시도록 기다렸다. 그리하여 사울은 블레셋과의 전쟁에서 패배하
여 죽었고, 그 후 다윗은 왕으로 세움을 받았다.

예수님도 원수를 대하는 태도에 대해 이렇게 말씀하셨다.

"오직 너희는 원수를 사랑하고 선대하며 아무것도 바라지 말고 꾸어주
라 그리하면 너희 상이 클 것이요 또 지극히 높으신 이의 아들이 되리
니 그는 은혜를 모르는 자와 악한 자에게도 인자하시니라"(눅 6:35).

인생에서 사울과 같은 존재가 있는가? 있다면 그를 함부로 심판하는 자가 되어서는 안 된다. 우리는 심판자의 자리에 오르는 일을 피해야 한다. 이 세상의 심판자는 오직 하나님뿐이시다.


## 원수가 축복하도록 만드는 친절

원수 같은 사람에게 친절과 선을 베풀었지만 계속해서 내가 손해 본 것 같은 찝찝함에 후회될 때가 있다. 그러나 아무리 악한 원수라도 진심에서 우러나오는 친절한 행위는 알기 마련이다. 사울 왕을 보라. 사울은 다윗이 한 말을 듣고 감동을 받아 눈물을 흘리며 그를 축복했다.

"다윗에게 이르되 나는 너를 학대하되 너는 나를 선대하니 너는 나보다 의롭도다"(삼상 24:17).

"사람이 그의 원수를 만나면 그를 평안히 가게 하겠느냐 네가 오늘 내게 행한 일로 말미암아 여호와께서 네게 선으로 갚으시기를 원하노라"(삼상 24:19).

다윗은 사울로부터 "네가 나보다 낫구나. 내가 너를 축복한다" 는 말을 들었다. 만약 사울과 같은 사람을 만난다면 그에게 친절을 베풀어 그가 우리를 축복하도록 하라. 친절은 감동을 낳고, 친절은 눈물을 낳고, 친절은 축복을 낳는다. 친절은 모든 사람에게 흐뭇한 감동을 안겨준다.

비바람이 몰아치는 늦은 밤에 한 노부부가 미국 필라델피아에 있는 어느 호텔을 찾았다. 그런데 주말이라 방이 없었다. 젊은 호텔 직원이 여기저기 다른 호텔에 전화를 해보았지만 방이 없기는 마찬가지였다. 노부부는 난감한 표정을 지었다. 흠뻑 비에 젖은 외투며 손에 든 여행용 가방이 더욱 무거워 보였다. 젊은 직원은 그 노부부를 비바람이 몰아치는 바깥으로 내몰 수가 없었다.

"손님, 빈 객실이 없는 데다가 비도 오고 자정이 넘었으니, 괜찮으시다면 누추한 제 방이라도 쓰시겠습니까?"

젊은 호텔 직원은 기꺼이 자신의 방을 내주는 친절을 베풀었다. 노부부는 그 직원 덕분에 그날 밤을 편히 쉴 수 있었다. 다음 날 노부부는 젊은 직원에게 감사를 표했다.

"당신은 참으로 친절한 분이군요. 일급 호텔 사장이 되어도 되겠소."

"아닙니다. 저는 다만 제 할 일을 했을 뿐입니다. 다음에 기회가 되어 방문하신다면 그때는 꼭 좋은 방을 드리겠습니다."

그로부터 2년 후 이 젊은 직원 앞으로 한 통의 우편물이 도착했다. 그 안에는 뉴욕 행 왕복 비행기표와 함께 다음과 같은 편지가 들어 있었다.

"나는 2년 전 비바람이 몰아치던 늦은 밤, 아내와 같이 젊은이 방에서 자고 갔던 사람이오. 그때 베풀어준 당신의 친절을 잊을 수가 없습니다. 여기 뉴욕에서 아주 크고 멋진 호텔을 지어놓고 당신을 기다리고 있으니, 이 호텔을 부디 경영해주시오."

이 젊은 호텔 직원이 바로 1,900개의 객실을 갖춘 월도프 아스토리아 뉴욕 호텔 사장이 된 조지 볼트(George Bolt)이다.

친절은 우리의 삶을 풍요롭게 한다. 하나님의 뜻에 의해 행한 친절은 우리를 가장 멋진 하나님의 백성으로 인정받게 할 것이다. 사울에게 베푼 다윗의 친절은 단순한 친절 행위가 아니라 하나님 나라가 어떻게 임하는지를 보여주는 것임을 잊어서는 안 된다. 하나님 나라는 교회당 안에서 예배를 드리는 데에만 있지 않다. 하나님 나라는 원수 같은 사람에게 친절을 베푸는 것을 통해서도 이루어진다. 사도 바울은 에베소 지역의 성도들에게 다음과 같이 호소했다.

"서로 친절하게 하며 불쌍히 여기며 서로 용서하기를 하나님이 그리
스도 안에서 너희를 용서하심과 같이 하라"(엡 4:32).

하나님은 친절하신 분이다. 그분은 못난 우리의 죄를 용서해
주셨다. 또한 우리를 친절히 대하셔서 하나님의 자녀로 삼아주
셨다. 하나님의 친절이 있는 곳에 하나님의 나라가 이루어진다.

진정으로 우리 삶에 하나님의 나라가 임하는 것을 경험하기
원한다면 원수 같은 사람에게도 친절을 베풀 줄 알아야 한다. 우
리 마음속에 저주와 원한 대신 친절을 채운다면 세상 사람들이
우리를 달리 볼 것이다. 하나님의 친절을 펼쳐 보일 때 사울이
다윗을 축복한 것과 같은 경험을 누릴 수 있을 것이다. 다윗은
숱한 위험과 고난 속에서도 친절을 나타내 보임으로써 하나님의
마음에 합한 자가 되고 왕의 자리에까지 올랐다. 그의 마음의 고
백처럼 우리도 동일한 고백을 할 수 있기를 바란다.

"주께서 내 원수의 목전에서 내게 상을 차려주시고 기름을 내 머리
에 부으셨으니 내 잔이 넘치나이다"(시 23:5).

자신을 없애려고 음모를 꾸미고 모든 수단을 동원하여 해코지하는 사람에게 관용과 친절을 베푼다는 것은 상식적으로 힘든 일이다. 그러나 이 땅에 사는 하나님의 자녀에게는 가능하다. 성도 안에 거하시는 성령의 인도하심을 받을 때는 어떤 상황에서도 마음의 평안을 누리기 때문이다.

1. 주변 사람으로부터 음모나 해코지를 당한 적이 있는가? 그때 나는 어떻게 반응했는지 떠올려보라.

2. 적대 관계에 있는 사람으로부터 격려와 축복을 받아본 적이 있는가? 그때의 느낌은 어떠했는가?

3. 다윗은 적대 관계에 있는 사울로부터 어떻게 하여 칭찬과 복을 받을 수 있었는지 생각해보라.

핵심 성경 구절

"서로 친절하게 하며 불쌍히 여기며 서로 용서하기를 하나님이 그리스도 안에서 너희를 용서하심과 같이 하라"(엡 4:32).

6장

# 살맛 나는 세상이 되게 하라

양선

"예루살렘 교회가 이 사람들의 소문을 듣고 바나바를 안디옥까지 보내니 그가 이르러 하나님의 은혜를 보고 기뻐하여 모든 사람에게 굳건한 마음으로 주와 함께 머물러 있으라 권하니 바나바는 착한 사람이요 성령과 믿음이 충만한 사람이라 이에 큰 무리가 주께 더하여지더라 바나바가 사울을 찾으러 다소에 가서 만나매 안디옥에 데리고 와서 둘이 교회에 일 년간 모여 있어 큰 무리를 가르쳤고 제자들이 안디옥에서 비로소 그리스도인이라 일컬음을 받게 되었더라"(행 11:22-26).

## 세상과 구별되는 선함

어떤 사람이 예수님께 "선한 선생님이여 내가 무엇을 하여야 영생을 얻으리이까"(눅 18:18)라고 물었을 때 예수님은 "네가 어찌하여 나를 선하다 일컫느냐 하나님 한 분 외에는 선한 이가 없느니라"(눅 18:19)라고 말씀하셨다. 이 땅에서는 선한 사람이 없다는 뜻이다.

물론 예수를 믿지 않는 사람들 중에 성품이 착한 사람이 있을 수 있다. 그러나 진정한 의미에서의 선한 사람은 아니다. 이제 막 태어난 갓난아기를 악하다고 말하는 사람은 없을 것이다. 그러나 그런 어린 아기도 자신의 손에 무언가 잡히면 꽉 쥐고 놓지 않으려는 욕심을 드러낸다. 인간의 본성이란 그런 것이다. 이 땅에 타락한 존재로 태어난 인간은 예수님을 만나 자신이 죄인인 줄 깨닫고 성령이 임하면서부터 자신의 죄 된 본성과 싸우기 시작한다. 나아가 성령이 충만하면 삶에서 그 열매가 맺힌다. 그것이 양선(良善)이다. 양선이란 '선하다', '착하다'라는 뜻이다. 이는 사람의 성품이 아니라 하나님의 성품이다.

성령이 충만하면 선해지고, 착한 삶을 살게 된다. 착하다는 의미에는 거룩함도 포함되어 있다. 즉, 세상 사람들과 다르게 살아서 착한 사람이란 뜻이다. 보통 사람은 이기적으로 살지만 성령 충만한 사람은 다른 사람을 배려하며 산다.

성경에서 두드러지게 착한 사람이라고 평가받는 인물이 있는데, 바로 바나바이다. 성경은 바나바를 "착한 사람이요 성령과 믿음이 충만한 사람"(행 11:24)이라고 말한다.

## 베풀기를 좋아하는 사람

바나바는 사도행전 4장 36절에 처음으로 등장한다. 그의 이름은 원래 요셉이었는데, 사도들이 그에게 바나바란 이름을 붙여주었다. 그는 구브로, 곧 지금의 키프로스 섬 출신이다. 그가 예루살렘에 와서 예수를 믿고 교회 공동체에 들어가니 많은 사람들의 필요가 눈에 들어왔다. 성령님이 그에게 사람들을 돕고 싶어 하는 마음을 주신 것이다.

"구브로에서 난 레위족 사람이 있으니 이름은 요셉이라 사도들이 일컬어 바나바라(번역하면 위로의 아들이라) 하니 그가 밭이 있으매 팔아 그 값을 가지고 사도들의 발 앞에 두니라"(행 4:36-37).

바나바는 사도들에게 "저에게 재산이 좀 있는데 필요하다면 그것을 팔아 저 사람들을 돕겠습니다"라고 말했다. 그러고는 자신의 재산을 팔아서 사도들의 발 앞에 가져갔다. 바나바는 레위 족속이었다. 원래 레위지파는 제사장들을 돕는 사람들로, 성전 문지기이거나 음악을 연주하거나 기타 여러 가지 일을 하는 사람이었다. 그러나 바나바는 이런 일들을 할 수 없었다. 그 당시만 해도 이방 땅에서 태어난 유대인은 다른 이방인들과 같은 취급을 받았기 때문이다. 바나바는 이방 땅인 키프로스 태생이었기에 당연히 이방인처럼 여겨졌다. 그는 유대인들이 사용하는 아람어도 하지 못했다. 그는 성전 안에 있는 이방인의 뜰에 머물러야 했다. 이방 땅에서 태어났다는 이유로 주변인이 되어야 했던 것이다.

그런데 예수를 믿어 교회 공동체에 들어간 그는 그전까지 보이지 않던 사람들의 필요가 눈에 들어왔다. 그래서 자신의 재산을 팔아 그들을 도왔다. 뿐만 아니라 그는 말로 다른 사람을 기분 좋게 만들었다. 다른 사람을 배려하는 언어를 사용한 것이다. 바나바는 모든 사람에게 힘이 되고 격려가 되고 위로가 될 뿐만 아니라 사람들에게 평안을 끼치는 사람이었다. 이는 사도들이 그의 본명인 요셉 대신 바나바라고 부른 것만 보아도 알 수 있

다. 바나바라는 이름은 '위로하는 사람', '격려하는 사람'이라는
뜻을 갖고 있다.

　누군가를 위해 자신의 것을 나누고 베풀면 갑자기 삶이 달라
지는 기분이 든다. 다른 사람의 필요를 돌아보고 베푼다는 것은
우리 삶에 새로운 무언가가 약동하고 있다는 증거이다. 왜냐하
면 원래 인간은 이기적인 존재이기 때문이다. 자신의 것을 아낌
없이 내놓기 시작했다는 것은 선하신 하나님이 우리의 마음을
만지시고 일하신다는 증거이다.

　어느 목사님의 인상 깊은 간증을 들은 적이 있다. 그 목사님은
나병환자들을 섬기는 목회를 하고 있었는데, 이웃 마을에 사는
한 건강한 사람이 그 교회에 와서 함께 신앙생활을 하고 있었다.
하루는 그가 목사님을 찾아와 고민을 털어놓았다. 자기 집의 새
끼를 밴 돼지들이 이웃집 밭에 들어가 밭을 다 망쳐놓았다는 것
이다. 그래서 양심적으로 보상을 해주려고 하는데, 그 밭의 임자
는 돼지가 밭에 들어왔으니 그 돼지들로 보상을 하라고 억지를
부린다는 것이었다. 그 어미 돼지들이 조금 있으면 새끼를 낳을
텐데 그것을 달라고 하니 어떻게 하면 좋겠느냐고 물었다.

　평소 동네 사람들은 그를 몹시 못마땅하게 여겼다. 그가 나병
환자들이 모이는 교회를 다닌다는 이유에서였다. 그로 인해 나

병이 전염되기라도 하면 어떡하느냐고 우려의 목소리가 높았다. 물론 나병이 전염병은 아니지만 동네 사람들은 그를 께름칙하게 생각했다. 그러던 차에 이런 일이 일어나자 이웃들도 한편이 되어 밭을 망쳐놓은 돼지들로 보상을 하라고 억지를 부린 것이다. 이야기를 가만히 듣고 있던 목사님이 입을 열었다.

"성도님, 그냥 그 이웃이 해달라는 대로 해주세요."

"아무리 그래도 이건 좀 너무하지 않습니까?"

"하나님은 자기 백성을 절대로 손해 보게 하시는 분이 아닙니다. 이웃과 싸우지 말고 그냥 돼지를 주세요."

성도는 눈물을 머금고 새끼를 밴 어미 돼지 5마리를 이웃에게 주었다. 얼마 후 그 어미 돼지가 새끼를 낳았는데 한 배에 18마리가 넘게 태어나 거의 100마리가 되었다. 그 성도는 이웃집 앞을 지나갈 때마다 속이 상했다.

그러던 어느 날 그 성도가 기쁨에 넘쳐 목사님께 달려왔다. 이웃집 황소 3마리가 자신의 밭에 들어와 밭을 다 망쳐놓았다는 것이다.

"목사님, 역시 하나님은 자기 백성이 손해 보게 하지 않으시네요. 이제 황소는 제 것입니다."

"성도님, 잠깐만요. 하나님을 믿는 사람이라면 좀 달라야 하지 않을까요? 황소를 차지하려 하지 말고 그냥 돌려주세요."

"하지만⋯ 그러면 저만 너무 손해 보는 거잖아요."

"예수 믿는 사람은 손해를 보며 사는 존재입니다. 다른 사람에게 손해를 끼쳐서는 안 되죠."

할 수 없이 성도는 이웃집에 황소를 돌려주었다. 그러자 이웃집 사람이 깜짝 놀라는 눈치를 보였다. 인간적인 도리로 봤을 때 이건 아니라는 생각을 하게 된 것이다. 결국 이웃집 사람은 자신의 잘못을 뉘우치고 그 성도의 어미 돼지들과 새끼 돼지들을 모두 돌려주었다. 그리고 성도는 6개월 동안 잘 보살핌을 받은 돼지들을 되찾게 되었다.

우리가 이와 같은 상황에 처했다면 과연 어떤 결정을 내렸을까? 누구든지 억울해하며 당장 이웃에게 복수하고 싶었을 것이다. 황소가 자신의 밭을 망쳐놓았을 때 "얼씨구나!" 하고 무릎을 치며 '눈에는 눈, 이에는 이'라고 처신했을 것이다. 그러나 하나님을 믿는 그리스도인이라면 다르게 행동해야 한다. 성령님의 인도하심을 따라 착한 일을 행해야 하는 것이다.

"이같이 너희 빛이 사람 앞에 비치게 하여 그들로 너희 착한 행실을 보고 하늘에 계신 너희 아버지께 영광을 돌리게 하라"(마 5:16).

바나바가 원래부터 베풀기를 좋아한 성품이었는지는 알 수 없다. 다만 확실한 것은 그가 교회 공동체 안에 들어갔을 때 하나님이 그의 마음을 만지셨고, 그 후 그가 다른 성도들을 돕기 시작했다는 것이다.

하나님은 선하시다. 선하신 하나님은 우리에게 모든 것을 주신다. 우리에게 복을 주시고, 구원을 주시고, 은혜를 주시고, 말씀을 주시고, 평강을 주신다. 세상을 만드신 후 기뻐하시고, 사람을 창조하신 후에는 심히 기뻐하셨다. 반대로 사탄은 결코 선하지 않다. 욕심을 부리고, 남에게 해를 끼치게 한다. 자기 유익을 위해 거짓말을 하고 다른 사람을 이용하라고 속삭인다. 사탄은 항상 우리를 염려하게 만든다. 풍족한 가운데에도 늘 부족하다고 여기며 불행하다고 생각하게 한다.

다른 사람에게 무언가 베푼 경험이 있는 사람은 나누어주는 것이 얼마나 큰 기쁨인지 알 것이다. 아무나 자기 재산을 정리하여 사람들에게 주지 않는다. 하나님의 은혜를 받은 사람만이 누군가에게 도움을 주는 기쁨을 알 수 있다. 그 기쁨은 단순히 물질을 나누며 느끼는 기쁨 이상의 것, 즉 하나님 나라의 기쁨이다.

물질이 많아도 물질에 대해 염려하는 사람은 다른 사람에게 물질을 나누어주기가 쉽지 않다. 물질이 적어도 베풀기를 좋아하는 사람은 물질에 대한 염려를 적게 한다. 우리는 항상 우리 자신이 가난하다고 생각한다. 셋집에 살 때는 '언제 내 집을 마련할까?' 염려하고, 집을 산 뒤에는 '언제 좀 더 넓은 집으로 이사할 수 있을까?' 염려한다.

바나바는 예수를 믿고 난 뒤에 자신이 가진 것으로 어떻게 베풀지를 생각했다. 그는 생각만 한 것이 아니라 실제로 다른 사람에게 힘이 되어주었다. 그래서 사도들로부터 바나바란 이름을 얻게 되었다. 그는 다른 사람에게 힘을 주는 사람, 격려를 잘하여 살맛 나게 하는 사람이었다.

## 은혜를 베풀어 사람을 세우다

바나바는 사도행전 4장에 처음 등장했다가 다시 사도행전 9장에 나타난다. 성경은 사도행전 9장에서부터 사울이란 한 청년에 대해 집중적으로 기록하고 있다. 사울은 예수 믿는 자를 잡아 가두고, 사도들에 의해 집사로 세워진 스데반이 돌에 맞아 순교하는 일에 가담할 정도로 포악한 자였다. 사도들과 모든 믿는 사람들은 사울을 두려워했다. 그런 사울이 다메섹에 사는 그리스도

인들을 잡으러 가는 길에 하나님의 초자연적인 역사를 경험하게
된다. 그러고는 예수님께 무릎을 꿇는다.

부활하신 예수님의 말씀을 듣고 순종한 그는 완전히 변화되었
다. 그는 예루살렘으로 돌아와 사도들과 합류하여 복음을 전하
기를 원했다. 그런데 사도들은 그를 만나기를 꺼려 했다. 이전에
그가 행한 잔인한 일들을 생각하면 그 같은 반응은 당연한 것이
었다. 오히려 갑자기 변한 것이 의심스러울 정도로 사울은 사도
들에게 두려움의 대상이었다. 이런 상황에서 등장한 사람이 바
로 바나바였다. 바나바는 사울의 회심을 의심하는 사도들과 회
심한 사울 사이에서 중재 역할을 했다.

"사울이 예루살렘에 가서 제자들을 사귀고자 하나 다 두려워하여 그
가 제자 됨을 믿지 아니하니 바나바가 데리고 사도들에게 가서 그
가 길에서 어떻게 주를 보았는지와 주께서 그에게 말씀하신 일과
다메섹에서 그가 어떻게 예수의 이름으로 담대히 말하였는지를 전
하니라"(행 9:26-27).

바나바는 정말 착하고 부드러운 사람이었다. "저 사람은 착해
서 그 일을 넉넉히 할 수 있어"라는 평가를 들을 정도로 말이다.

바나바는 사도들이 반신반의했던 사울을 만나주었다. 그리고 은
혜의 눈으로 사울을 바라보고 그를 용납하며 신뢰해주었다. 그
는 사도 그룹과 청년 사울을 중재했다. 그는 사울을 데리고 사도
들에게 가서 그가 길에서 어떻게 주를 보았는지, 주께서 그에게
뭐라고 말씀하셨는지, 다메섹에서 그가 어떻게 주의 이름으로
담대히 말했는지에 대해 모두 말해주었다.

바나바는 긴장 관계에 있던 사람들을 하나로 묶었다. 평화를
조성하도록 중재하는 사람이었던 것이다. 바나바는 사울의 친구
가 되어, 사울의 삶을 세워간 사람이다. 그는 안디옥 교회 사역의
필요성을 인식했을 때 사울을 찾아가서 사역의 기회를 열어주었
다. 그리고 함께 안디옥 교회 성도들을 일으켜 세웠다. 만약 사울
이 바나바를 만나지 못했더라면 사울의 리더십은 한동안 발휘되
지 못했을 것이다. 착한 사람은 사람을 구하고 사람을 세운다.

"바나바는 착한 사람이요 성령과 믿음이 충만한 사람이라 이에 큰
무리가 주께 더하여지더라"(행 11:24).

착한 사람은 사람을 중재하고 사람을 일으킨다. 그래서 사람
들이 따른다. 성령이 충만하여 착한 사람은 갈등이 있는 곳에서

그 갈등을 해결한다. 믿음이 연약한 사람들을 세워 주 앞으로 나오게 하는, 하늘의 힘이 있는 사람이다. 그런데 반대로 조용하고 평화로운 분위기를 깨고 문제를 야기시키는 사람이 있다. 그러면 사탄의 조종에 의해 사는 사람밖에 되지 않는다. 사탄의 지배를 받고 사는 사람은 자신도 불행하고 다른 사람도 불행하게 만든다. 하지만 성령의 인도함을 따라 사는 사람은 모든 사람을 세워가는 힘을 발휘한다.

## 착한 사람은 하나님 나라에 집중한다

이 세상에는 다른 사람에게 도움을 주며 착하게 사는 사람들이 있다. 그중에는 순수한 마음으로 돕는 사람들도 있지만, 사회적 체면이나 개인적 욕심에 의해 봉사와 기부를 수단화하는 사람들도 있다. 봉사와 기부를 통해 자신의 인격을 포장하고 존경받고 싶은 것이다. 이런 사람들은 자신의 유익에 도움이 되지 않으면 당장 그 일을 그만둔다. 그러나 예수를 믿는 그리스도인은 상황에 관계없이 다른 이들을 돕고 하나님 나라를 세우는 데 집중해야 한다.

사도행전을 보면 9장 이후에는 '바나바와 사울'이라고 기록되다가 13장부터는 사울이 바울이라는 이름으로 바뀌면서 바울이 먼저 언급되고 그다음에 바나바가 등장한다. 이처럼 이름의 순서가 바뀌는 것은 주도권이 바뀌었음을 뜻한다. 다시 말해 어느 순간부터 바나바보다 바울이 리더십의 주도권을 쥐었다는 뜻이 된다. 바나바보다 바울이 중심이 되어 일이 돌아가는 경우가 많아진 것이다. 이것은 바나바의 입장에서 보면 매우 자존심이 상하는 일일 수도 있다.

바나바는 바울을 키운 스승이나 다름없었다. 처음에 바울의 회심을 미심쩍어하는 사도들에게 바울을 소개하여 함께 일하도록 길을 열었고, 고향인 다소에 내려가 있는 바울을 불러다가 안디옥 교회에서 가르치도록 했으며, 함께 선교여행을 떠나기도 했다. 그런데 바울이 자신보다 더 앞서나가고 존경을 받게 되었으니 인간적인 감정으로는 시기와 질투심이 생길 수도 있다. 그러나 바나바는 그런 인간적 감정에 빠지지 않았다. 그는 바울이 앞서 일할 때 뒤에서 힘껏 협력했다. 자신의 이름보다 하나님 나라에 집중한 것이다. 이 같은 사람이 성령 충만한 사람, 착한 사람이다.

하나님 나라를 위해 자신이 뒤로 물러설 줄 아는 사람이 바로

바나바였다. 바나바는 바울과 자신과의 관계를 통해 더욱더 복음
이 확장되는 일이라면 자기가 나서야 할 때와 물러서야 할 때를
아는 선한 사람이었다. 나의 이기심을 채우기 위해 일하는 사람
은 갈등과 싸움을 만든다. 더 나아가 열심히 일하는 사람을 경쟁
자로 생각하여 관계까지 파괴한다. 그러나 바나바는 아름다운 관
계를 통해 복음 전파가 더욱더 탄력을 받도록 바울을 후원했다.

바나바와 바울의 관계는 이스라엘의 초대 왕 사울과 다윗의
관계와는 너무도 대조적이다. 이스라엘 초대 왕 사울은 다윗이
사람들로부터 인정받을 때 시기와 질투심에 휩싸였으며, 다윗을
없애려고 혈안이 되었다. 이것이 보통 사람들의 모습이다. 그러
나 하나님의 일을 하는 사람은 이를 뛰어넘어야 한다.

기러기들은 아주 먼 거리를 이동할 때 함께 협력하여 커다란
브이(V) 자 모양을 그리며 날아간다. 각자 따로따로 날아가는 것
보다 브이 자 대형으로 날게 되면 공기역학을 이용하여 70퍼센트
이상 더 날 수 있다고 한다. 한 마리 한 마리가 각각 자기의 날개
를 펄럭일 때 상승기류가 형성되어 뒤에 있는 새를 돕게 되는 것
이다. 그러다가 맨 앞에 있는 새가 피곤해지면 그 새는 맨 뒤로
가고 다른 새가 앞서 가면서 전체 행렬에 박차를 가한다. 기러기
는 함께 날 때 더 멀리 간다. 이것이 관계 시너지 효과이다.

우리는 어떠한가? 기러기보다도 못한 인간은 아닌가? 자신보다 앞서가는 사람을 오히려 끌어내리려 하고, 자신이 맨 앞에 서기를 좋아하지 않는가? 나를 드러내려 하기보다는 남을 우선시하고 뒤에서 묵묵히 그들을 돕는 것이 하나님의 자녀로서 보여야 할 모습이다.

만약 사울 왕이 바나바처럼 다윗을 차세대의 지도자로 인정하고 그의 멘토로서 좋은 관계를 맺었다면 사울 왕의 삶은 완전히 달라졌을 것이다. 정신질환에 시달리지 않았을 것이고, 자신과 가문이 비참하게 무너지지도 않았을 것이다. 오히려 보다 나은 이스라엘 나라를 확립할 수 있었을지 모른다.

헨리 스쿠걸(Henry Scougal)은 영국의 부흥을 이끈 조지 휘트필드(George Whitefield)와 존 웨슬리(John Wesley)에게 큰 영향을 끼친 인물이다. 그는 이런 글을 남겼다.

"인간 영혼 안에 있는 하나님의 생명에서 신적인 생명은 믿음을 뿌리로 삼은 나무와 같다. 이 나무는 하나님을 향한 사랑과 사람을 향한 자애로움과 개인적인 정결, 겸손 등의 열매를 맺는다."

신적 생명의 첫 번째 열매는 '하나님을 향한 사랑'이다. 이러한 사랑은 하나님의 영광을 기뻐하고 즐거워한다. 또한 하나님께 온전히 복종하며 헌신하는 마음을 갖게 한다. 하나님의 영광을 위해서라면 어떤 고통도 기꺼이 감수한다. 하나님을 사랑하는 사람에게 그분과의 친교보다 더 중요한 것은 없다.

두 번째 열매는 '동료 인간들을 향한 사랑'이다. 하나님의 사랑에 사로잡힌 사람은 모든 사람을 무조건적으로 사랑하며 자기스스로는 정결하고 겸손하게 살려고 노력한다. 그리할 때 다른사람으로부터 착한 사람이라는 평가를 받게 되는 것이다.

우리 모두에게 하나님의 영이 충만히 임재하여, 하나님의 일이라면 자기의 것을 모두 내려놓고 헌신하는 사람, 동료 이웃들을사랑하여 성령 안에서 착함을 드러내는 사람이 되기를 바란다.

예수님을 믿지 않는 사람 가운데에도 착한 사람이 있지만 성경에서 언급한 '양선'이란 착함과는 본질적으로 다르다. '양선'이란 예수를 믿고 회개한 삶의 열매로 나타나는 것이기 때문이다. 원래 자연인은 본성적으로 선하지 않다. 그러나 말씀과 성령으로 거듭난 그리스도인에게는 자연인과 본질적으로 다른 착함이 있다.

1. 자연인이 착한 것과 예수님을 믿어 착해진 사람의 차이가 무엇인지 생각해보라.

2. 바나바가 착한 사람, 믿음이 충만한 사람으로 평가받은 이유가 무엇인지 말해보라.

3. 바나바의 착한 성품을 생각했을 때 자신에게 가장 큰 도전이 되는 부분은 무엇인가?

핵심 성경 구절

"바나바는 착한 사람이요 성령과 믿음이 충만한 사람이라 이에 큰 무리가 주께 더하여지더라"(행 11:24).

7장

# 한결같이 주인의 뜻을 이루라

충성

"다니엘은 마음이 민첩하여 총리들과 고관들 위에 뛰어나므로 왕이 그를 세워 전국을 다스리게 하고자 한지라 이에 총리들과 고관들이 국사에 대하여 다니엘을 고발할 근거를 찾고자 하였으나 아무 근거, 아무 허물도 찾지 못하였으니 이는 그가 충성되어 아무 그릇됨도 없고 아무 허물도 없음이었더라 그들이 이르되 이 다니엘은 그 하나님의 율법에서 근거를 찾지 못하면 그를 고발할 수 없으리라 하고 이에 총리들과 고관들이 모여 왕에게 나아가서 그에게 말하되 다리오 왕이여 만수무강하옵소서 나라의 모든 총리와 지사와 총독과 법관과 관원이 의논하고 왕에게 한 법률을 세우며 한 금령을 정하실 것을 구하나이다 왕이여 그것은 곧 이제부터 삼십 일 동안에 누구든지 왕 외의 어떤 신에게나 사람에게 무엇을 구하면 사자 굴에 던져 넣기로 한 것이니이다 그런즉 왕이여 원하건대 금령을 세우시고 그 조서에 왕의 도장을 찍어 메대와 바사의 고치지 아니하는 규례를 따라 그것을 다시 고치지 못하게 하옵소서 하매 이에 다리오 왕이 조서에 왕의 도장을 찍어 금령을 내니라 다니엘이 이 조서에 왕의 도장이 찍힌 것을 알고도 자기 집에 돌아가서는 윗방에 올라가 예루살렘으로 향한 창문을 열고 전에 하던 대로 하루 세 번씩 무릎을 꿇고 기도하며 그의 하나님께 감사하였더라"(단 6:3-10).

## 충성스러운 인물

충성스러운 사람이 그리워지는 세상이다. 끝까지 충성하는 사람은 참 드물다. 주님께 부름을 입은 종들까지도 자신의 유익에 치우쳐 뭇사람들의 지탄을 받는 상황이 여기저기서 벌어지는 요즘 들어서는 더욱더 충성하는 사람이 그립다.

성경의 인물도 예외는 아니다. 성경에 나오는 기라성 같은 많은 인물들 중에도 충성스러운 사람은 흔하지 않다. 첫 사람 아담은 주인 되시는 하나님의 뜻 대신 자기 좋을 대로 선택했다. 의인인 노아 역시 하나님의 뜻에 대체로 순종했지만 술을 너무 마신 탓에 부끄러운 모습을 드러내고 말았다. 믿음의 조상 아브라함도 하나님의 친구라는 별명까지 얻었지만 기근을 만나 내려간 이집트에서 자신의 아내를 누이라고 속인 점 등을 볼 때 그의 삶 전체가 충성스러웠다고 말하기는 어렵다.

그러나 다니엘은 다르다. 그는 나라를 잃고 억지로 끌려간 바벨론에서 숱한 어려움을 당하면서도 끝까지 하나님의 뜻을 따르며 그분을 섬긴 인물이다. 우리는 다니엘의 삶을 통해 충성이 무엇이며 무엇이 사람을 충성되게 하는지 배울 수 있다.

## 충성이란 무엇인가?

충성은 헬라어로 '피스티스'인데, '믿음', '진실', '신실'이라는 의
미이다. 이 말은 '시종일관 변하지 않는다'는 것인데, 특별히 주
인의 뜻에 따라 신실하게 섬길 때 적용된다. 하지만 성경에서 의
미하는 충성은 단지 주인의 뜻을 따라 열심히 섬기는 것 그 이상
이다. 그것은 주인과의 바른 관계, 즉 친밀한 관계 속에서 이루
어지는 섬김의 삶이라 하겠다.

　아내와 가사도우미의 차이가 무엇이라고 생각하는가? 그들이
하는 역할은 겉보기에는 별 다를 바가 없다. 똑같이 밥 짓고 집
안을 청소하고 빨래를 한다. 어쩌면 밥 짓고 반찬 장만하는 일들
은 아내보다 가사도우미가 더 잘할 수도 있다. 그런데 아무리 가
사 일을 잘한다 해도 가사도우미가 아내의 역할까지 대신할 수
는 없다. 관계의 수준이 다르기 때문이다. 만약 아내가 가사 일
은 탁월하게 잘하는데 남편과 가족과의 친밀한 관계 없이 일만
한다면 가사도우미 수준으로 전락하고 말 것이다.

　신앙생활도 마찬가지다. 하나님과 친밀한 관계 속에서 봉사와
섬김의 활동이 이루어져야 한다. 만약 하나님과의 친밀한 관계
없이 봉사활동에만 치중한다면 결국 알맹이 없는 껍데기 신앙생

활을 하게 된다.

다니엘이 충성스러운 삶의 열매를 지닌 자라는 것은 그가 삶의 주인이신 하나님과 가진 친밀한 관계를 통해 알 수 있다. 그는 바벨론에 끌려간 10대 때부터 뜻을 정하여 왕이 내리는 기름진 음식을 먹지 않았다. 바벨론 느부갓네살 왕 때 금신상 앞에 절하지 않는 자는 극렬히 타는 풀무불에 던져 넣겠다는 법령 앞에서도 다니엘과 세 친구는 자신들이 섬기는 하나님을 배신하지 않았다. 페르시아가 바벨론을 정복한 이후 대신들은 다니엘을 해하려는 음모를 꾸몄다. 왕 외에는 아무에게도 기도할 수 없도록 한 조서에 왕이 도장을 찍게 만들고 거기에 다니엘이 걸려들기를 기다렸다. 하지만 다니엘은 그 사실을 알면서도 하루에 세 번씩 예루살렘을 향해 창문을 열고 하나님께 기도를 드렸다.

다니엘은 평생 동안 자신을 구원하신 하나님을 섬겼다. 결국 충성이란 어떤 행위를 열심히 하기만 하는 것이 아니라 섬김의 대상과의 친밀한 관계 속에서 그것을 한결같이 섬기는 것이다.

다니엘은 그가 섬기는 하나님께 충성을 다했을 뿐만 아니라 자신이 섬기는 일터의 주인과도 친밀한 관계를 누렸다. 다니엘이 어느 정도로 왕들과 친밀한 관계를 유지하고 신뢰하는 사이로 지냈는지는 그가 다른 장관들의 모함으로 사자 굴에 들어갔을 때 잘 드러난다. 다리오 왕은 이 일로 심히 근심하며 잠을 설칠 정도로 괴로워했다.

"왕이 궁에 돌아가서는 밤이 새도록 금식하고 그 앞에 오락을 그치고 잠자기를 마다하니라"(단 6:18)라고 성경에 기록될 만큼 다리오 왕은 다니엘을 아끼고 사랑했다. 충성스러운 다니엘은 하나님뿐만 아니라 이 땅의 왕들과도 친밀한 관계 속에서 자신의 할 일을 묵묵히 행했다.

## 우리가 신실해야 하는 이유

그렇다면 우리가 다니엘처럼 충성되고 신실해야 하는 이유는 무엇일까? 그것은 하나님께서 신실하시기 때문이다.

신실함, 즉 충성은 사람을 통해 나타나지만 그렇다고 온전히 사람에게서 나오는 것은 아니다. 자연인은 아무리 충성스럽고 진실하게 보여도 결국 자신의 의를 드러내게 되어 있다. 그것이 타락한 인간의 본성이기 때문이다. 인간은 본성적으로 이기심이 있어서 다른 사람에 대하여 신실하기보다는 자신의 욕망과 유익에 우선하기 마련이다. 그런데 삶 가운데에서 신실하신 하나님의 역사를 경험하고 나면 놀라운 변화가 일어난다.

다니엘과 세 친구를 보자. 바벨론 왕궁으로 끌려간 그들은 왕이 내린 산해진미와 포도주를 먹지도 않았는데 기름진 음식을 먹은 다른 소년들보다 살이 윤택해지고 아름다워지는 기적을 경험했다. 하나님이 그들의 소원을 신실하게 들어주심을 체험한 것이다. 뿐만 아니라 하나님은 그들에게 지식과 지혜를 주셔서 다른 모든 사람보다 뛰어나게 하셨다.

"하나님이 이 네 소년에게 학문을 주시고 모든 서적을 깨닫게 하시고 지혜를 주셨으니 다니엘은 또 모든 환상과 꿈을 깨달아 알더라"(단 1:17).

다니엘과 세 친구는 이 모든 것을 행하시는 하나님을 만났고 실제로 경험했다. 하나님은 어떤 분이신가? 신명기에서 명확히 말하고 있다.

"그런즉 너는 알라 오직 네 하나님 여호와는 하나님이시요 신실하신 하나님이시라 그를 사랑하고 그의 계명을 지키는 자에게는 천 대까지 그의 언약을 이행하시며 인애를 베푸시되"(신 7:9).

사람은 하나님을 만나고, 하나님을 믿고, 하나님의 역사하심을 경험할 때 충성되고 신실해진다. 모세는 원래 충성스러운 존재도, 신실한 존재도 아니었다. 그는 혈기를 이기지 못해 사람을 쳐서 죽이고 이웃 나라로 탈출한 도망자였다. 하나님이 처음으로 그에게 나타나셔서 바로에게 가서 이스라엘 민족을 인도해오라고 하셨을 때 "난 못합니다. 할 수 없습니다"라고 말한 사람이다. 한마디로 불충한 사람이었다. 그런데 그가 마음을 열고 하나님의 말씀을 받았을 때 그는 달라졌다.

모세는 그때까지 하나님을 이스라엘 백성의 하나님, 조상들의 하나님으로만 알고 있었다. 하지만 그가 시내산에서 하나님을 만나고 자신의 마음을 열어 그분의 말씀을 받은 뒤에는 완전히 다른 사람이 되었다. 이스라엘의 하나님이 비로소 자신의 하나님임을 깨닫게 된 것이다.

그 후 모세는 자신의 하나님을 사랑하고 그 하나님께 변하지 않는 충성을 바쳤다. 지팡이 하나 달랑 들고 이집트 바로 왕에게 가서 하나님께서 주신 사명을 수행했다. 온갖 어려움 가운데에도 변함없이 이스라엘 백성을 인도했다. 힘든 위기를 만날 때마다 "내가 너와 함께하리라. 너는 가라"는 하나님의 말씀대로 홍해를 가르고, 마라의 쓴물을 단물로 바꾸고, 만나와 메추라기로 백성들을 먹였다. 그는 백성들을 위해 기도할 때마다 일하시는 하나님을 경험했다. 이런 모세에 대한 하나님의 평가는 어떠했는가?

"내 종 모세와는 그렇지 아니하니 그는 내 온 집에 충성함이라"(민 12:7).

다니엘 역시 "이는 그가 충성되어 아무 그릇됨도 없고 아무 허물도 없음이었더라"(단 6:4)라고 평가받은 것은 왕궁에서 위기를 만날 때마다 도우시며 신실하게 구원하신 하나님을 경험했기 때문이다. 하나님은 신실하시다. 그래서 그분을 만난 사람들도 신실하게 변화된다.

## 어떻게 하나님께 충성할 수 있을까?

첫째, 주인의 뜻대로 섬긴다.

다니엘은 주인이신 하나님의 뜻이 무엇인지를 명확히 알고 그분의 뜻대로 살았다. 그는 이 땅에서의 군주인 왕들을 충성되게 섬겼지만 인간의 뜻이 하나님의 뜻을 거스를 때에는 조금도 타협하지 않고 하나님의 뜻을 따랐다.

당시 페르시아 왕국은 왕을 포함하여 120여 명의 리더가 통치하고 있었다. 그중에서 총리 세 사람을 두어 장관들을 다스리게 했는데, 이방인인 다니엘이 그들 총리 중의 한 사람이 되었다. 다리오 왕이 다니엘을 얼마나 신뢰했는지를 여기서도 알 수 있다. 따라서 다른 총리들과 장관들의 시기심이 발동한 것은 당연했다. 그들이 아무리 국사(國事)에서 허물을 찾고자 해도 다니엘이 워낙 왕과 나라의 법령대로 철저하게 충성하니 허물을 찾을 수가 없었다. 그래서 그들은 하루도 빠짐없이 하나님께 기도드리는 다니엘을 보며 그를 잡아 가둘 음모를 꾸민 것이다.

"나라의 모든 총리와 지사와 총독과 법관과 관원이 의논하고 왕에게 한 법률을 세우며 한 금령을 정하실 것을 구하나이다 왕이여 그것은 곧 이제부터 삼십 일 동안에 누구든지 왕 외의 어떤 신에게나 사람에게 무엇을 구하면 사자 굴에 던져 넣기로 한 것이니이다 그런즉 왕이여 원하건대 금령을 세우시고 그 조서에 왕의 도장을 찍어 메대와 바사의 고치지 아니하는 규례를 따라 그것을 다시 고치지 못하게 하옵소서 하매 이에 다리오 왕이 조서에 왕의 도장을 찍어 금령을 내니라"(단 6:7-9).

악은 항상 선을 미워하고 배척한다. 악은 충성스러운 사람을 결코 가만히 내버려두지 않는다. 사탄은 장관들을 이용하여 하나님을 향한 다니엘의 충성심을 공격했다.

만약 우리가 이 같은 상황에 처하게 되었다면 어떻게 했을까? 매일 시간을 정해놓고 하나님께 기도하는 것을 아는 정적들이 스파이를 보내어 우리가 기도하는지 여부를 염탐 중이었다면 어떻게 대처했을까? 그들에게 빌미를 제공하지 않는다는 명분으로 당분간 기도하는 것을 미루었을지 모른다. 그러나 다니엘은 자신을 제거하기 위해 파놓은 함정인 줄 알면서도 평소대로 하나님께 기도하며 그분의 뜻을 좇는 삶을 택했다.

"다니엘이 이 조서에 왕의 도장이 찍힌 것을 알고도 자기 집에 돌아가서는 윗방에 올라가 예루살렘으로 향한 창문을 열고 전에 하던 대로 하루 세 번씩 무릎을 꿇고 기도하며 그의 하나님께 감사하였더라"(단 6:10).

다니엘은 자신이 섬기는 하나님을 결코 배신하지 않고 한결같은 마음으로 섬겼다. 충성이란 주인의 뜻대로 사는 것이며 결코 나의 유익과 야망에 따라 봉사하는 것이 아니다.

마태복음 25장에 나오는 달란트 비유에서 한 달란트 받은 종이 왜 '악하고 게으른 종'이라는 평가를 받았을까? 주인의 뜻대로 하지 않았기 때문이다. 더 정확히 말하면 그는 주인의 뜻을 따르기를 싫어했다. 그래서 자기 생각대로 행한 것이다. 주인은 종들에게 각각 다섯 달란트, 두 달란트, 한 달란트를 주고 먼 길을 떠났다. 다섯 달란트와 두 달란트를 받은 종은 주인의 뜻대로 일하여 이익을 남겼다. 그러나 한 달란트를 받은 종은 아무 일도 하지 않았다.

그 후 결산할 때가 왔을 때 다른 종들은 주인에게 "남겼나이다"라고 말했는데, 한 달란트 받은 종은 "당신은 굳은 사람이라 심지 않은 데서 거두고 헤치지 않은 데서 모으는 줄을 내가 알았으므로 두려워하여 나가서 당신의 달란트를 땅에 감추어두었었나이다 보소서 당신의 것을 가지셨나이다"(마 25:24-25)라고 말했다. 그러자 주인은 "악하고 게으른 종아, 네 생각대로 주인이 두렵거든 열심히 최선을 다해야 할 것이 아니냐? 생각이 모자란 이 쓸데없는 종을 바깥으로 내쫓으라"고 호통을 쳤다.

한 달란트를 받은 종은 불충했다. 주인의 뜻대로 하는 것이 충성이고, 신실이다. 반대로 내 나름대로 하는 것은 불충이다. 우리 인생의 주인은 우리 자신이 아니다. 우리 삶의 주인이신 하나님을 알고 그분의 뜻대로 살 때 충성되고 신실한 자라는 평가를 받게 된다.

동물 가운데 개를 충성스럽다고 한다. 다른 동물에 비해 주인을 잘 따르기 때문이다. 주인의 눈을 쳐다보면서 주인이 무엇을 원하는지 알아내어 그 뜻에 집중한다. 주인에게만 꼬리를 흔들지, 도둑에게는 결코 흔들지 않는다.

제1차 세계대전 때 독일의 군용견 셰퍼드는 놀라운 활약을 펼쳐 유명해졌다. 그런데 한국산 진돗개의 우수성이 세상에 알려지자 미국의 한 군용견 전문 양성소에서 진돗개를 훈련시켰다. 독일견 셰퍼드가 3개월 걸리는 훈련과정을 진돗개는 불과 1개월 만에 마쳤다. 하지만 최종심사 과정에서 진돗개는 군용견이나 경찰견으로는 부적합하다는 판정을 받았다. 왜냐하면 진돗개는 자기를 처음 훈련시킨 교관의 말 외에는 그 누구의 말도 듣지 않았기 때문이다. 진돗개에게는 처음 만나는 사람이 주인이 된다. 그리고 한번 주인으로 섬기면 죽을 때까지 그 주인을 바꾸지 않는다. 동물인 진돗개에게도 이 같은 충성이 있는데, 하물며 사람인 우리는 어떻해야 하겠는가.

둘째, 주인을 위해 자신의 모든 것을 사용한다.

청지기란 주인이 맡긴 것을 주인을 위해 관리하며 섬기는 자이다. 엄밀히 말해 이 땅에 사는 동안 우리는 모든 것(생명, 시간, 물질, 은사 등)을 자유자재로 누릴 수 있지만 결코 우리의 것이 아니다. 신명기는 "하늘과 모든 하늘의 하늘과 땅과 그 위의 만물은 본래 네 하나님 여호와께 속한 것이로되"(신 10:14)라고 말하고 있다. 시편에서도 "하늘이 주의 것이요 땅도 주의 것이라 세계와 그중에 충만한 것을 주께서 건설하셨나이다"(시 89:11)라고 했다.

충성이 무엇인지를 아는 자는 자신에게 있는 모든 것을 주를 위해 사용해야 한다는 것을 안다. 이런 의미에서 다니엘은 자신의 모든 것을 주께 드린 자였다. 시간, 재능, 능력뿐만 아니라 자신의 목숨까지 던져 사자 굴에 들어간 다니엘은 그야말로 자신의 모든 것을 드려 충성한 일꾼이었다.

그러나 오늘날 많은 유혹에 직면해 있는 그리스도인들은 시간, 물질, 재능, 심지어 은사까지도 자신만을 위해 사용하는 경우가 많다. 하나님께서 하루 24시간을 주셨지만 자신을 위해 사용하는 시간은 아까워하지 않으면서 하나님과 그분의 나라를 위해 쓰는 시간에는 너무도 인색하다. 물질도 마찬가지다. 자신과 가족을 위해 사용하는 것은 아까워하지 않는다. 그러나 주의 나라를 위해 헌금하는 것은 왠지 아깝다는 생각을 한다.

사도 바울은 디모데후서 3장에서 마지막 때가 되면 고통 하는 순간에 이를 것인데, 고통당하는 이유와 특징을 다음과 같이 말하고 있다.

"너는 이것을 알라 말세에 고통 하는 때가 이르러 사람들이 자기를 사랑하며 돈을 사랑하며 자랑하며 교만하며 비방하며 부모를 거역하며 감사하지 아니하며 거룩하지 아니하며 … 쾌락을 사랑하기를 하나님 사랑하는 것보다 더하며"(딤후 3:1-4).

이 말씀을 보면 주인이신 하나님보다 자기를 더 사랑하는 까닭에 모든 사람에게 고통이 올 것이라는 경고가 담겨 있다. 결국 봉사와 헌신을 하더라도 모든 것의 주인 되시는 하나님과 그분의 나라를 위해 하는 것이 아니라 자신을 위한 경우가 많다는 것이다.

미국 새들백교회의 릭 워렌(Rick Warren) 목사는 "한 사람의 신실성, 충성의 여부는 돈을 어떻게 사용하는지를 보면 안다"고 말했다. 신실한 사람은 정기적으로 하나님께 헌금하고, 자신의 수

입과 지출을 지혜롭게 관리한다. 예수님도 돈을 어떻게 관리하느냐가 우리의 충실함을 평가할 수 있는 잣대가 된다고 말씀하셨다.

> "너희가 만일 불의한 재물에도 충성하지 아니하면 누가 참된 것으로 너희에게 맡기겠느냐"(눅 16:11).

이것은 '물질 관리를 하지 못하는 자에게 어떻게 영적 자원을 맡기겠느냐?'는 말씀이다.

한 국회의원이 총선에 나와서 자신의 재산은 얼마 되지 않는다고 밝혔다. 그만큼 청렴하다는 뜻이었다. 하지만 어떤 사람은 그 나이 되도록 재산을 모으지 못한 사람이 어떻게 나라 살림을 꾸려가겠느냐며 오히려 반박했다.

수입에만 집착하여 일을 닥치는 대로 하는 것도 문제지만, 돈을 잘 운영하지 못하고 흥청망청 쓰는 것도 문제이다. 우리는 수입과 지출의 균형을 맞출 줄 알아야 한다.

사람과의 약속을 잘 지키고, 시간 관리와 돈 관리를 잘하고, 자신이 잘할 수 있는 능력을 주의 뜻 안에서 바르게 펼치는 자가 충성스러운 사람이다.

"지극히 작은 것에 충성된 자는 큰 것에도 충성되고 지극히 작은 것에 불의한 자는 큰 것에도 불의하니라"(눅 16:10).

현재 나에게 돈과 권세와 능력이 있어서 잘나가는 것 같아도 순간순간 충성되지 못하고 신실하지 못하면 결국 불충한 인생으로 끝을 맺고 만다.

구약의 첫 번째 왕 사울은 처음에는 어느 누구보다 충성된 일꾼이었다. 그는 용모가 출중했지만 겸손했다. 전술학에 능통했고 리더십도 뛰어났다. 하지만 어느 순간 자신의 자리에 집착하자 그가 지닌 모든 것을 관리할 청지기 능력을 잃고 말았다. 불의한 종이 되어 결국 스스로 버림받는 길을 선택하고 만 것이다.

솔로몬 역시 마찬가지다. 그는 왕이었고 하나님께서 주신 놀라운 지혜가 있었다. 그러나 자신이 받은 모든 은사를 자기 좋을 대로 사용하면서 삶이 망가지기 시작했다. 그는 통치 말기에 수많은 이방 여자들을 후비로 맞아들이면서 자신의 쾌락에 집중했다.

"왕은 후궁이 칠백 명이요 첩이 삼백 명이라 그의 여인들이 왕의 마음을 돌아서게 하였더라"(왕상 11:3).

마음이 떠난 솔로몬에게 하나님은 두 번이나 나타나 경고하셨
다. 하지만 그는 하나님의 말씀을 무시했다.

> "솔로몬이 마음을 돌려 이스라엘의 하나님 여호와를 떠나므로 여호
> 와께서 그에게 진노하시니라 여호와께서 일찍이 두 번이나 그에게
> 나타나시고 이 일에 대하여 명령하사 다른 신을 따르지 말라 하셨
> 으나 그가 여호와의 명령을 지키지 않았으므로"(왕상 11:9-10).

충성된 사람은 어떤 사람인가? 자신이 청지기임을 알고 모든
것을 주를 위해 사용하는 사람이다.

셋째, 주인이신 하나님의 이름과 영광에 모든 것을 건다.

오늘날 적지 않은 사람들이 각자가 처한 곳에서 충성스러운
사람으로 인정받기 위해 열심히 일한다. 그러나 그 속을 들여다
보면 결국 자신의 명예와 영광을 위한 것일 뿐이다.

다니엘이 자신의 생명을 건지려 했다면 왕에게 탄원을 하고,
관원들의 잘못을 고발했을지 모른다. 아니, 그들과 협상을 시도
했을 수도 있다. 그러나 그는 결코 그렇게 하지 않았다. 그 이유
는 무엇일까? 하나님의 이름과 영광을 위해서였다.

다니엘의 삶을 관찰해보면 금세 알 수 있다. 그가 위기를 만날
때마다 그의 삶 가운데에는 하나님의 이름이 등장한다. 느부갓
네살 왕이 금신상의 꿈을 꾸고 나서 박사들에게 해몽을 하라는
억지 명령을 내렸다. 바벨론의 모든 박사들은 무슨 꿈을 꾸었는
지 말해주면 해석을 하겠다고 했지만 왕은 막무가내였다. 왕은
자신이 어떤 꿈을 꾸었는지 알아내라고만 했다. 결국 박사들과
마찬가지로 다니엘과 세 친구들 역시 죽음의 위기에 처했을 때
다니엘은 다음과 같이 반응했다.

"다니엘이 말하여 이르되 영원부터 영원까지 하나님의 이름을 찬송
할 것은 지혜와 능력이 그에게 있음이로다"(단 2:20).

이렇듯 다니엘은 위기의 순간에도 하나님을 찬송하며 기도했
다. 또한 느부갓네살 왕 앞에서도 이렇게 말했다.

"왕이여 왕은 여러 왕들 중의 왕이시라 하늘의 하나님이 나라와 권
세와 능력과 영광을 왕에게 주셨고 사람들과 들짐승과 공중의 새들,
어느 곳에 있는 것을 막론하고 그것들을 왕의 손에 넘기사 다 다스
리게 하셨으니 왕은 곧 그 금 머리니이다"(단 2:37-38).

다니엘은 세상의 왕 앞에서 당당하게 하늘의 하나님을 선포
했다. 왕에게 권세와 능력과 영광을 주신 분이 만군의 여호와 하
나님이라고 당당히 말하고 하나님을 높인 것이다. 바벨론의 뒤
를 이은 페르시아의 다리오 왕에게도 그는 변함없는 태도를 보
였다. 자신의 삶을 통해 오직 하나님의 이름과 영광을 드러냈다.
사자 굴에서 머리카락 하나 상하지 않고 살아난 다니엘을 보며
다리오 왕이 말했다.

"내가 이제 조서를 내리노라 내 나라 관할 아래에 있는 사람들은 다
   다니엘의 하나님 앞에서 떨며 두려워할지니 그는 살아 계시는 하나
   님이시요 영원히 변하지 않으실 이시며 그의 나라는 멸망하지 아니
   할 것이요 그의 권세는 무궁할 것이며 그는 구원도 하시며 건져내
   기도 하시며 하늘에서든지 땅에서든지 이적과 기사를 행하시는 이
   로서 다니엘을 구원하여 사자의 입에서 벗어나게 하셨음이라 하였
   더라"(단 6:26-27).

이방의 왕이 자신의 입으로 하나님을 높이고 있다는 것은 참
으로 놀라운 일이다. 다니엘의 삶과 봉사는 왕궁의 주인으로 하
여금 하나님의 이름을 높이게 했다. 충성된 일꾼은 자기가 가진

모든 것을 하나님의 뜻, 하나님의 이름, 하나님의 영광을 드러내
는 데 사용한다.

　다니엘은 자신이 가진 모든 것으로 주인이신 하나님께 충성했
다. 우리 모두가 신실한 다니엘을 본받아 충성스러운 사람으로
살겠노라는 다짐을 하기를 바란다. 나의 명예와 미래를 위해서
가 아니라 하늘과 땅의 주인이신 하나님을 위해 충성을 다하는
성령의 사람이 되기를 기도한다.

생각해볼 문제

진정한 그리스도인은 자신이 그리스도 안에 있는 존재임을 인식하고 삶에서 그것을 적용하며 살아야 한다. 그리스도인은 주 안에 거하면서 성령의 인도하심을 따라 살아갈 때 성령의 열매를 맺는다. 그러므로 열심을 품고 주를 섬긴다는 것은, 곧 성령과 더불어 친밀한 교제를 나누고 우리에게 주어진 것으로 하나님의 뜻을 충성되게 행하는 것이다.

1. 다니엘이 충성스러운 성령의 사람이라는 것은 무엇으로 알 수 있는가?

2. 율법주의의 영향 아래 사는 삶과 그리스도 안에 사는 삶의 차이는 무엇인가?

3. '충성'이란 성령의 열매를 맺어야 할 이유를 생각해보라.

4. 하나님께 충성된 삶이 되기 위해 해야 할 일은 무엇인가?

핵심 성경 구절

"이는 그가 충성되어 아무 그릇됨도 없고 아무 허물도 없음이었더라"(단 6:4).

8장

# 분노를 막는 힘을 발휘하라

온유

"예수는 감람 산으로 가시니라 아침에 다시 성전으로 들어오시니 백성이 다 나아오는지라 앉으사 그들을 가르치시더니 서기관들과 바리새인들이 음행 중에 잡힌 여자를 끌고 와서 가운데 세우고 예수께 말하되 선생이여 이 여자가 간음하다가 현장에서 잡혔나이다 모세는 율법에 이러한 여자를 돌로 치라 명하였거니와 선생은 어떻게 말하겠나이까 그들이 이렇게 말함은 고발할 조건을 얻고자 하여 예수를 시험함이러라 예수께서 몸을 굽히사 손가락으로 땅에 쓰시니 그들이 묻기를 마지 아니하는지라 이에 일어나 이르시되 너희 중에 죄 없는 자가 먼저 돌로 치라 하시고 다시 몸을 굽혀 손가락으로 땅에 쓰시니 그들이 이 말씀을 듣고 양심에 가책을 느껴 어른으로 시작하여 젊은 이까지 하나씩 하나씩 나가고 오직 예수와 그 가운데 섰는 여자만 남았더라 예수께서 일어나사 여자 외에 아무도 없는 것을 보시고 이르시되 여자여 너를 고발하던 그들이 어디 있느냐 너를 정죄한 자가 없느냐 대답하되 주여 없나이다 예수께서 이르시되 나도 너를 정죄하지 아니하노니 가서 다시는 죄를 범하지 말라 하시니라"(요 8:1-11).

## 온유는 부드러움 속의 강함이다

예수님을 믿고 성령의 인도로 하나님의 말씀을 따르면 사람은 변하기 마련이다. 언어가 바뀌고 성품이 바뀌어져서 온유해지는 것이다. '온유'의 문자적 의미는 '통제하에 있는 힘'이란 뜻이다. 예를 들어 힘이 좋은 야생마가 있는데 그 말을 통제할 수 있어서 주인이 쓰기에 아주 유익한 상태가 되었을 때를 가리켜 '온유'라고 한다. 그러므로 온유함은 약하다든지 순하다는 의미가 아니다. 성경에 '온유하다'고 언급된 경우는 단 두 번으로 모세와 예수님에 대해서만 이 표현을 쓰고 있다.

"이 사람 모세는 온유함이 지면의 모든 사람보다 더하더라"(민 12:3).

"나는 마음이 온유하고 겸손하니 나의 멍에를 메고 내게 배우라 그리하면 너희 마음이 쉼을 얻으리니"(마 11:29).

보통 온유를 겸손이나 약함으로 이해하기가 쉽다. 하지만 예수님이나 모세를 보라. 매우 강한 리더십을 발휘했고 자신의 할일을 분명히 했다. 온유는 약함이 아니라 주인의 목적과 통제에

155

따라 발휘할 수 있는 힘이다. 온유는 위기상황에서 가장 합당한
태도를 취하는 것이다.

예수님이 간음 현장에서 붙잡혀와 돌에 맞아 죽을 위기에 처
한 여인을 구하는 사건을 보며 온유에 대해 생각해보자.

## 온유는 분노를 막는 힘이다

성경 본문을 보면 유대인들이 예수님을 시험하려고 현장에서 간
음한 여인을 끌고 왔다. "모세의 율법에 의하면 돌로 쳐 죽이라
고 되어 있는데 당신의 뜻은 무엇인가?"라고 사람들이 물었다.
대단히 급박한 상황이며, 사람들은 분노로 가득 차 있었다. 간음
한 여인에 대한 분노뿐만 아니라 예수님에 대한 분노도 함께 표
출된 것이다. 보통 사람이라면 이 같은 상황에서 당황하며 어쩔
줄 몰라 했을 것이다. 그러나 예수님은 차분하게 생각하셨다. 그
리고 말씀하셨다.

"너희 중에 죄 없는 자가 먼저 돌로 치라"(요 8:7).

예수님은 어느 누구 하나를 지정하여 비난하시지도 않았고 정죄하시지도 않았다. 단지 아주 지혜 있게 말씀하시고 행동하셨다. 예수님의 말씀을 들은 군중은 각자 생각에 잠겼고, 결국 양심의 가책을 받아 하나둘 떠나갔다.

"유순한 대답은 분노를 쉽게 하여도 과격한 말은 노를 격동하느니라"(잠 15:1).

예수님은 부드럽고 유순한 대답으로 군중의 분노를 막으셨다. 이것이 온유함이다.

예수님은 모세 율법이 어떻고, 간음한 여인이 어떻고 하는 식의 자질구레한 논쟁을 하시지 않았다. 논쟁을 하다 보면 별로 중요하지 않은 것으로 시비가 붙고 큰 싸움으로 번진다. 이런 싸움에서는 아무것도 얻을 것이 없다. 결국 온유하지 못한 자아 때문에 불필요한 싸움만 커질 뿐이다.

온유함이란 분노를 막는 힘이요 성품이다. 예수님은 "죄 없는 자가 먼저 돌로 치라"(요 8:7)는 말씀을 하신 후, 땅에 무언가를 쓰셨다. 그러자 사람들이 손에 든 돌을 놓고 물러가기 시작했다.

예수님은 땅바닥에 무엇을 쓰셨을까? 혹시 사람들의 이름과

죄목을 적으신 건 아닐까? 그것을 보고 소스라치게 놀란 사람들
이 슬며시 자리를 피해 도망친 것은 아닌지 상상해본다. 실제로
19세기부터 독일 신학자들은 예수님이 그때 무엇을 쓰셨는지를
연구해왔지만, 아직까지 밝혀진 것은 없다. 어쨌든 "죄 없는 자
가 돌로 치라"는 예수님의 말 한마디가 군중의 분노를 막고, 한
사람을 살렸다. 온유가 가진 힘은 바로 이런 것이다.

사무엘상 25장을 보면 나발이란 사람이 나온다. 사울 왕을 피
해 도망자 신세가 된 다윗 일행은 도적들로부터 나발의 재산을
보호하며 지켜주었다. 그러던 어느 날 음식이 필요한 다윗이 부
하를 보내어 음식을 좀 달라고 부탁하자 나발이 냉랭한 목소리
로 "이새의 아들이 도대체 누구냐? 주인을 고의로 떠난 종이 아
니냐?"라고 말하며 다윗을 멸시했다. 부하로부터 나발의 언행을
듣고 화가 머리끝까지 치민 다윗은 나발 집안의 모든 남자들을
죽이기 위해 군사를 데리고 달려갔다. 그 소식을 들은 나발의 아
내 아비가일은 부랴부랴 먹을 것을 준비해 다윗을 공손히 맞이
하며 지혜롭게 그를 달랬다.

미국 IVF 간사를 역임한 레베카 피펏(Rebecca Pippert)은 나발의
아내 아비가일을 온유한 여인이라고 평가했다. 그녀가 지혜를
발휘해 다윗의 분노를 막았기 때문이다. 그녀가 아니었다면 다

윗은 피를 묻히는 잔인한 사람이 되고, 나발의 집안 남자들은 영문도 모른 채 다윗의 칼에 죽었을 것이다.

고대 철학자인 아리스토텔레스는 "온유란 분노와 무관심 사이에 존재하는 절제된 중용의 감정이다"라고 말했다. 화가 났을 때 대부분의 사람들은 분노를 표출하거나 화가 나는 대상이나 사건을 외면한 채 넘어간다. 무관심은 일종의 도피다. 만약 아비가일이 남편 나발이 저지른 어리석은 행동에 대해 무관심했다면 나발의 집안은 피비린내 나는 현장으로 변하고 말았을 것이다.

## 온유는 하나님의 뜻을 이루는 것이다

온유는 헬라어로 '프라우테스'인데, 이 단어는 '길들임', '길들여짐'이라는 의미로 사용되기도 했다. 온유는 내 뜻대로 행하는 것이 아니라 하나님의 뜻에 순종하고, 그분의 율법을 온전히 이루는 것이다. 군중은 예수님께 묻기를 "모세는 율법에 이러한 여자를 돌로 치라 명하였거니와 선생은 어떻게 말하겠나이까"(요 8:5)라고 했다. 그들은 예수님을 시험하고자 모세를 통해 주신 하나님의 율법을 들고 나왔다.

왜 하나님은 우리에게 율법을 주셨을까? 율법은 죄가 무엇인지 알도록 하는 기준이 된다. 율법을 주신 것은 사람을 바로잡고 살리기 위함이다. 그러나 사람들은 율법의 잣대로 다른 사람들을 비난하고 공격한다. 사람을 살리기 위해서 주신 율법으로 사람을 죽이는 데 사용하는 것이다. 사탄은 사람을 정죄하여 죄책감에 빠지게 하고, 하나님을 두려워하게 만들고, 잘못 생각하게 하여 더 강퍅하고 몹쓸 사람으로 만든다.

가룟 유다를 보라. 사탄은 그를 죄짓게 만들었고 가룟 유다는 그 죄로 인해 괴로워하다가 자살하고 말았다. 사탄의 정죄를 받았기 때문이다. 정죄하고 비난하여 사람을 넘어지게 하고 죽게 하는 것이 사탄의 계략이다. 그러나 온유하신 예수님은 정죄하시지 않는다. 넘어지게도 하시지 않는다. 예수님은 넘어진 죄인을 다시 일으켜 살리신다.

"대답하되 주여 없나이다 예수께서 이르시되 나도 너를 정죄하지 아니하노니 가서 다시는 죄를 범하지 말라 하시니라"(요 8:11).

예수님은 하나님의 율법을 어기시지 않았다. 오히려 하나님의 율법을 더 온전하게 하셨다. 그럼으로써 사람을 살리는 하나님의 뜻을 이루셨다.

어떤 일을 하면서 무엇을 이루기 위해 좌충우돌하는 경우가 종종 있다. 충돌은 다른 사람을 정죄하는 분위기일 때 나타난다. 그것은 하나님의 뜻을 이루는 것도, 온유한 것도 아니다. 하나님의 뜻, 하나님 나라의 가치를 세우는 일이라면 비록 나의 뜻이나 요구와 달라도 내 생각을 내려놓는 것이 온유이다.

온 땅의 지면 위에서 온유한 자로 평가받은 모세를 생각해보라. 그는 강한 리더십의 소유자로서 성질과 고집이 있던 사람이다. 그러나 모세는 하나님의 뜻 앞에서 묵묵히 순종했다. 므리바에서 물을 달라는 백성들의 원성이 높았을 때 하나님은 반석을 향해 물을 내라는 말을 하라고 하셨다. 그러나 그는 이스라엘 백성들에게 버럭 화를 내면서 하나님의 말씀을 어기고 바위를 두 번 쳐서 물을 내었다. 이 일에 대해 하나님은 분노하시고 "너는 약속의 땅에 들어가지 못하리라" 하고 말씀하셨다. 보통 사람 같으면 "하나님, 너무하십니다. 그것 때문에 가나안 땅을 밟지 못하게 하십니까? 억울합니다. 지금까지 제가 행한 것을 보아서라도 다시 생각해주시면 안 되겠습니까?"라고 하면서 매달렸을 것이다. 그러나 모세는 그렇게 반응하지 않았다. 오히려 하나님의 깊은 뜻이 있으리라 믿고 묵묵히 순종했다.

## 온유는 사람을 용서하는 성품이다

성령의 열매인 온유함이 우리 가운데 맺힐 때 나타나는 표징은 '용서'이다. 정죄로 인해 수치를 당한 여인은 자신의 잘못을 알았다. 이 여인은 할 말이 없었을 것이다.

> "예수께서 일어나사 여자 외에 아무도 없는 것을 보시고 이르시되 여자여 너를 고발하던 그들이 어디 있느냐 너를 정죄한 자가 없느냐 대답하되 주여 없나이다 예수께서 이르시되 나도 너를 정죄하지 아니하노니 가서 다시는 죄를 범하지 말라 하시니라"(요 8:10-11).

예수님은 그녀를 정죄하시지 않았다. 다시는 죄를 범하지 말라고 하시며 그녀를 용서하고 새로운 삶의 기회를 주셨다.

구약에서 온유의 사람인 모세는 어떠했는가? 모세의 첫 번째 아내는 미디안 제사장 이드로의 딸 십보라였다. 그녀가 죽고 나서 모세의 재혼 문제를 둘러싸고 일어난 사건이 민수기 12장에 나온다. 모세가 구스 여인과 재혼한 사건을 놓고 형 아론과 누이 미리암이 심하게 비방했다. 이때 사용된 '비방'의 원어 '다바르'는 흔히 '말하다'라는 의미로 쓰이지만 여기서는 아주 적대적인

마음으로 원망, 비방했다는 뜻이다. 그러니까 아론과 미리암은
모세를 권면함에 있어서 온유하고 은혜로운 방법으로 하지 않고
마치 모세의 권위를 파괴할 것처럼 포악한 기세로 달려들었다고
볼 수 있다. 하지만 모세는 그들이 비방할 때 대항하지 않고 묵
묵히 듣고만 있었을 것이다. 하나님의 평가를 보면 그가 어떤 반
응을 보였는지 짐작할 수 있다.

"이 사람 모세는 온유함이 지면의 모든 사람보다 더하더라"(민 12:3).

왜 성경은 모세를 온유한 사람이라고 평했을까? 그는 자신을
대적하는 사람들을 용서하는 성품의 소유자였다. 그는 자신을
비방한 미리암이 하나님께 벌을 받아 문둥병에 걸리자 그녀를
위해 기도했다.

"모세가 여호와께 부르짖어 이르되 하나님이여 원하건대 그를 고쳐
주옵소서"(민 12:13).

모세는 자신을 공격하던 사람이 어려움을 당하면 잘됐다고 기
뻐하지 않고 진심으로 그를 걱정하며 기도했다. 어떤 사람이 우

리를 공격하고 비난하면 우리는 크게 상처를 받는다. 그러나 사실은 나만 상처받은 것이 아니다. 나를 공격하고 비난하는 그 사람도 상처를 받게 되어 있다. 그래서 우리는 상대방을 용서하고 관계를 회복해야 한다. 내가 그 사람을 위해 용서하고 기도하며 축복할 때 그 사람이 회복된다. 바로 이것이 온유의 열매이다.

간음하다가 붙잡힌 여인에 대한 예수님의 반응과 용서는 대단히 사려 깊었다. 예수님은 사람들의 면전에서 그녀를 변호하셨다. 그리고 군중이 모두 떠나간 후 그녀가 지은 죄에 대해 개인적으로 조용히 말씀하셨다. 비판하시지 않고 은혜를 베푸신 것이다. 이것이 바로 예수님이 우리를 대하시는 방법이다.

사도 바울은 성도들이 그리스도의 모습을 본받기를 바라며 다음과 같이 권면했다.

"그러므로 그리스도께서 우리를 받아 하나님께 영광을 돌리심과 같이 너희도 서로 받으라"(롬 15:7).

하나님은 우리에 대해 정말 많이 참으신다. 그 사실을 안다면 우리 역시 다른 사람들의 부족한 점에 대해 참는 지혜를 발휘할 줄 알아야 한다.

"형제들아 사람이 만일 무슨 범죄 한 일이 드러나거든 신령한 너희
는 온유한 심령으로 그러한 자를 바로잡고 너 자신을 살펴보아 너
도 시험을 받을까 두려워하라"(갈 6:1).

다른 사람을 비판하고자 하는 유혹을 느낄 때마다 잠시 멈추
어 서서 하나님께서 얼마나 깊이 우리를 용서해주셨는지를 떠올
려보라. 하나님의 은혜를 더 깊이 깨달을수록 우리도 다른 사람
들에 대해 은혜와 용서의 자세를 가지게 될 것이다. 하나님은 변
함없이 우리를 온유하게 대하신다. 그리고 우리가 다른 사람들
에게 온유하기를 원하신다.

## 온유한 자에게 주시는 복

성경의 인물 가운데 가장 건강했던 사람을 꼽으라면 모세를 들
수 있다. 《모세의 건강법》이란 책의 저자인 김해용 장로는 "성경
에는 모세보다 훨씬 오래 산 사람도 많지만 사실 노아 홍수 이후
모세가 건강하게 산 인물 가운데 한 명이라고 생각한다"고 밝혔다.
신명기 34장에는 "모세가 죽을 때 나이 백이십 세였으나 그의

눈이 흐리지 아니하였고 기력이 쇠하지 아니하였더라"(7절)는 말씀이 나온다. 모세가 건강했던 것은 우연히 얻어진 것이 아니고 그의 성품이 온유했기 때문이다. 온유하면 영육이 건강할 수 있다. 온유하면 하나님의 칭찬과 보호하심을 입는다. 모세는 이 땅에서 가장 온유한 자로 평가받았다. 뿐만 아니라 하나님은 모세를 아론과 미리암의 비방으로부터 보호하셨다.

온유하면 대적을 만들지 않는다. 만약 모세가 아론과 미리암의 비방에 맞서 대응했다면 형제지간에 원수가 되고 말았을 것이다.

온유는 타고나는 것이 아니다. 성령의 인도하심을 따라 매일 훈련함으로써 온유한 사람으로 자라가는 것이다. 우리 모두 예수님처럼, 모세처럼 온유한 성품을 갈고닦아 많은 사람을 살리는 사람이 되기를 바란다.

사도 바울이 갈라디아 성도들에게 성령의 열매를 강조한 것은 결국 교회의 본질적인 사명을 잘 감당하기 위해서였다. 성령이 임하면 권능이 임하고 세상 사람들 앞에서 증인이 된다(행 1:8). 성령이 그리스도인의 삶 속에서 역사하시는 증거가 바로 성령의 열매이다. 이 성령의 열매 중 온유야말로 우리가 악한 세상 가운데에서 예수 그리스도의 증인으로 사는 데 꼭 필요한 성품이다.

1. 성경적인 '온유'의 의미가 무엇인지를 생각하고, 일반적으로 생각한 '온유'의 개념과 어떤 차이가 있는지 말해보라.

2. 간음한 현장에서 잡혀온 여인을 대하는 예수님의 태도를 보고 내가 적용해야 할 부분이 무엇인지 생각해보라.

3. 온유의 성품을 가진 성경의 인물을 통해 가장 많이 도전받은 부분은 무엇인지 말해보라.

핵심 성경 구절

"대답하되 주여 없나이다 예수께서 이르시되 나도 너를 정죄하지 아니하노니 가서 다시는 죄를 범하지 말라 하시니라"(요 8:11).

9장

# 신호를 무시하지 말라

절제

"그들의 마음이 즐거울 때에 이르되 삼손을 불러다가 우리를 위하여 재주를 부리게 하자 하고 옥에서 삼손을 불러내매 삼손이 그들을 위하여 재주를 부리니라 그들이 삼손을 두 기둥 사이에 세웠더니 삼손이 자기 손을 붙든 소년에게 이르되 나에게 이 집을 버틴 기둥을 찾아 그것을 의지하게 하라 하니라 그 집에는 남녀가 가득하니 블레셋 모든 방백들도 거기에 있고 지붕에 있는 남녀도 삼천 명가량이라 다 삼손이 재주 부리는 것을 보더라 삼손이 여호와께 부르짖어 이르되 주 여호와여 구하옵나니 나를 생각하옵소서 하나님이여 구하옵나니 이번만 나를 강하게 하사 나의 두 눈을 뺀 블레셋 사람에게 원수를 단번에 갚게 하옵소서 하고 삼손이 집을 버틴 두 기둥 가운데 하나는 왼손으로 하나는 오른손으로 껴 의지하고 삼손이 이르되 블레셋 사람과 함께 죽기를 원하노라 하고 힘을 다하여 몸을 굽히매 그 집이 곧 무너져 그 안에 있는 모든 방백들과 온 백성에게 덮이니 삼손이 죽을 때에 죽인 자가 살았을 때에 죽인 자보다 더욱 많았더라"(삿 16:25-30).

## 주님에 의해 가능한 절제

언젠가 '기사 파라스'라는 별명을 가진 아랍 추장의 일화를 읽은 적이 있다. 그는 1635년에 큰 말 떼를 거느리고 사막을 여행하고 있었다. 그런데 갑자기 저 멀리로부터 물이 보이자 갈증에 시달린 말 떼가 물이 있는 곳을 향해 질주하기 시작했다. 이때 파라스는 나팔을 불어 전투 신호를 알렸다. 말들의 복종심을 시험하기 위해서였다. 그러자 그중 다섯 마리만 가던 길을 멈추고 방향을 돌려 돌아왔다. 전해오는 이야기에 의하면 이 다섯 마리의 암말이 세계적으로 유명한 아랍 말들을 생산하는 종자가 되었다고 한다.

사람들은 돈을 향해서, 성공을 향해서, 쾌락을 향해서 질주한다. 자신의 갈증을 해소해주는 것에 올인 하는 것이다. 그러나 이 모든 것이 인생을 망치는 유혹의 덫이 될 수 있다. 우리는 보다 가치 있고 의미 있는 삶을 위해 "돌아오라"는 주님의 나팔 소리를 듣는 즉시 달리던 길을 멈추고 주님께로 돌아와야 한다.

사도 바울은 '성령의 사람은 모든 것에 절제하는 능력이 있다'고 말한다. 절제란 자기를 통제하는 능력이다. 자신이 삶의 주인인 사람은 스스로 통제하기가 힘들다. 예수님을 삶의 주인으로 모시고 그분의 음성에 민감하게 반응할 때 올바른 절제가 가능하다.

성령의 은사를 많이 받아도 절제하지 못하면 결코 덕을 세울 수 없다. 아무리 좋은 은사와 능력이 있다 할지라도 통제되지 못하면 오히려 화가 된다. 이는 마치 저수지의 물이 홍수 때 엄청난 재앙을 초래하는 것과 같다. 평소 저수지에 가둬놓은 물은 사람들에게 식수와 전력을 공급하고, 농사짓는 데 사용된다. 그러나 홍수가 나면 사정이 달라진다. 저수지의 물은 급격히 불어나 집을 떠내려가게 하고, 인명 피해까지 일으킨다.

사사기 13장부터 등장하는 삼손은 다른 이들에게 없는 엄청난 에너지가 있었다. 그 힘과 능력은 자신이 갈고닦은 노력에 의해 얻은 것이 아니었다. 태어날 때부터 하나님이 주신 특별한 능력이었다. 그러나 이성의 유혹에 빠져 절제하지 못하자 결국 자신의 힘을 잃고 말았다. 설상가상으로 두 눈까지 뽑혀 이방 사람들에게 조롱거리가 되었다. 블레셋 사람들은 감옥에 있는 삼손을 불러내어 재주를 부리게 했다. 자신들의 흥을 위해 그를 노리갯감으로 삼은 것이다.

삼손이 그런 고통을 당한 이유는 하나님이 보내시는 신호를 무시했기 때문이다. 삼손 이야기는 아무리 많은 것을 가졌다 해도 절제하지 못하면 삶의 현장에서 어떤 결과가 나타나는지를 똑똑히 보여준다. 내가 아무리 힘이 세고 무엇이든 잘할 수 있는 능력이 있어도, 소유하고 있는 물질과 지식이 아무리 많아도 절제를 잃으면 조롱당하는 사람이 되고 만다.

우리는 먹는 것, 입는 것, 게임, 유흥 등에 빠져 헤어나지 못할 때가 많다. 자신이 집착하는 것에는 물불 가리지 않고 덤빈다. 그것을 우리는 중독이라고 말한다. 중독의 지경에까지 이르지 않으려면 절제가 필요하다. 무엇이든 과도한 수준까지 갔다면 지금 당장 "그만!"이라고 외치고 정리해야 한다. 그렇지 않으면 삼손처럼 사람들의 조롱거리가 될 수 있다.

성경에서는 성도를 그리스도의 신부에 비유했다. 하나님과 성도 사이가 그만큼 사랑과 친밀함을 나누는 관계라는 것을 가르치기 위해서다. 구약의 선지자들은 돈만 밝히거나 쾌락에 빠져 바른 길을 벗어난 이스라엘 백성을 향해 강한 어조로 "이 간음을 행한 창녀야! 내가 너를 수치거리로 만들겠다"고 경고했다.

우리는 조롱과 수치거리가 되기 전에 절제하는 삶을 살도록 애써야 한다. 절제하지 못해 불행한 최후를 맞은 삼손의 인생을 통해 절제의 삶을 살펴보자.

## 내 인생의 사명은 무엇인가?

삼손은 여자의 유혹에 넘어가 머리카락이 다 밀리고 두 눈이 뽑혔다. 그는 뼈저린 후회를 했을 것이다. 자신보다 더 바보 같은 이는 없을 것이라며 심한 자책감에 빠졌을지도 모른다. 하지만 그는 거기서 주저앉지 않았다. 잘못을 뉘우친 뒤 자신이 누구인지를 인식했다.

"삼손이 여호와께 부르짖어 이르되 주 여호와여 구하옵나니 나를 생각하옵소서 하나님이여 구하옵나니 이번만 나를 강하게 하사"(삿 16:28).

삼손은 어린 시절부터 "넌 나실인이다. 그래서 머리카락도 밀지 않은 하나님의 종이란다", "넌 백성들의 사사다", "너는 보통 사람이 아니다"라는 말을 끊임없이 듣고 자랐다. 그런데 머리카락이 다 밀리고 두 눈이 뽑혀 블레셋 사람들의 노리개가 된 상황에 처하고 말았다. 삼손 자신에게는 참으로 견디기 힘든 순간이었을 것이다. 그때 삼손은 정신을 차리고 자신이 누구인지, 자신의 사명이 무엇인지를 떠올렸다. 그리고 하나님께 기도했다.

사람이 언제 절제하는 능력을 잃어버리는가? 자신이 누구인지, 무엇을 해야 하는지, 사명이 무엇인지에 대한 생각이 희미해질 때다. 사명이 분명하지 않은 사람은 아무렇게나 산다. 삼손은 어느 누구보다도 잘 준비된 자였다. 하나님이 주신 힘과 용기와 능력이 있었다. 기드온처럼 군사를 모집할 필요도 없었다. 블레셋 사람들이 감당할 수 없는 엄청난 힘을 소유했기 때문이다.

하나님이 삼손에게 이스라엘 백성을 위해 리더십을 발휘할 수 있는 모든 능력을 주셨다고 해도 과언이 아니다. 그런데 그는 제대로 된 싸움을 해보지도 못했다. 물론 그가 블레셋과 싸움을 한 적은 몇 번 있었지만 객관적으로 볼 때 자신의 복수를 위해 블레셋 사람들을 죽인 것이나 다름없었다. 그가 왜 이렇게 형편없는 삶을 살게 된 것일까? 그것은 자신의 삶에 대한 분명한 비전과 사명이 없었기 때문이다.

삼손은 20년 동안 이스라엘 민족의 사사로 지냈지만 긴 머리털과 근육질의 체격으로 여자 꽁무니만 쫓아다니면서 하나님이 주신 재능과 능력을 낭비했다. 자신의 사명이 무엇인지 모르는 자는 인생의 목표가 없다. 그저 교만한 마음으로 자기가 가진 힘과 돈과 권력을 자랑하면서 살 뿐이다.

그렇다면 나에게 주신 하나님의 은사는 무엇일까? 내가 잘할 수 있는 것은 무엇일까? 나의 사명은 무엇일까?

하나님은 모든 하나님의 백성들에게 비전과 사명을 주셨다.

"제자가 되라! 제자를 삼으라! 그래서 사람을 살려라!"

이러한 사명을 갖게 되면 내게 있는 물질이나 능력이 많든지 적든지, 하나님이 주신 사명을 붙들고 절제하며 살아간다. 그러나 우리 안에 사명이 없을 때에는 통제하는 능력이 서서히 무너진다. 구약의 지혜자는 다음과 같이 말했다.

"자기의 마음을 제어하지 아니하는 자는 성읍이 무너지고 성벽이 없는 것과 같으니라"(잠 25:28).

고대 시대에 성벽이 없다는 것은 적군들이 마음대로 쳐들어와서 짓밟게 되는 것을 의미한다. 마음을 절제하지 못하는 자는 적군들에게 성을 점령당하는 것과 같은 경험을 하게 된다. 똑같이 운동장에 나가 달리기를 할지라도 목표가 있는 사람은 마음의 자세와 태도가 다르다.

고린도 교회를 향해 사도 바울은 다음과 같이 권면했다.

"이기기를 다투는 자마다 모든 일에 절제하나니 그들은 썩을 승리자의 관을 얻고자 하되 우리는 썩지 아니할 것을 얻고자 하노라"(고전 9:25).

여기서 다툰다는 말은 '자신의 모든 에너지를 쏟아붓는다'는 뜻이다. 사명을 좇아 목표를 이루는 자는 자신에게 필요한 영역에서 절제할 줄 안다. 식욕, 명예욕, 성욕, 이기적인 야망, 쾌락 등 모든 것에서 절제해야 한다. 삼손이 보다 분명한 사명과 비전을 가졌다면 이성의 유혹에 빠져 두 눈이 뽑힌 채 블레셋 사람들의 노리갯감이 되지는 않았을 것이다.

그런데 이런 삼손이 언제 다시 힘을 쓰게 되었는가? 자신의 사명을 재발견했을 때였다. 지금이라도 늦지 않다. 우리는 각자의 사명을 발견하고 그 사명을 좇아 살아야 한다.

## 공동체에 속하라

삼손이 하나님께로부터 받은 자신의 능력을 극대화하지 못한 또 다른 이유는 혼자 지냈기 때문이다. 삼손은 독자로 자랐고 성인이 된 후에도 혼자 모든 것을 했다. 혼자서도 잘할 수 있는 능력이 있었기 때문이다. 하지만 그런 삶이 그의 발목을 잡았다. 모든 것을 혼자 하다 보니 판단력과 절제력을 잃고 잘못된 길로 들어서게 된 것이다. 성령 충만함으로 절제하는 삶을 원한다면 공동체에 속해야 한다.

"한 사람이면 패하겠거니와 두 사람이면 맞설 수 있나니 세 겹 줄은 쉽게 끊어지지 아니하느니라"(전 4:12).

성령 충만했던 사도 바울 곁에는 항상 공동체가 있었다. 기도해주는 그룹과 후원 그룹이 있어서 자신이 어려움에 처했을 때 부탁할 수 있었다. 감옥에서 홀로 힘겹게 지낼 때는 디모데에게 따뜻한 겨울옷과 성경책을 가져다달라고 부탁했다. 그리고 여러 교회 성도들에게 편지를 쓰면서 관계를 유지하고, 서로 힘들 때 붙들어주는 역할을 했다. 이처럼 우리가 어려운 유혹을 이겨내기 위해서는 건강한 공동체에 속해 있어야 한다.

도박문제방지재단에서 근무하는 사람과 대화를 나눌 기회가 있었는데, 그의 말에 의하면 여행지에서 재미 삼아 도박장을 찾은 것을 계기로 도박에 빠지는 경우가 많다고 한다. 처음에 몇 번 기대하지도 않은 큰돈을 따게 되면 엄청난 짜릿함을 느끼고 또다시 도박장을 찾는다는 것이다. 그러다가 도저히 극복할 수 없는 중독에 빠지고 만다. 이때 도박에 빠진 사람들 주변에 그를 인정하고 대화해줄 사람이 있다면 훨씬 쉽게 도박에서 벗어날 수 있다고 한다. 도박하고 싶은 충동에 사로잡힐 때마다 사람들을 만나 이야기를 나누고 교류하는 시간을 가지면 중독의 기운을 어느 정도는 약화시킬 수 있다는 것이다. 이런 의미에서 마음을 나눌 수 있는 공동체는 우리 삶에서 없어서는 안 될 필수 요소가 된다.

1990년대 중반에 미국이 충격에 휩싸일 정도로 큰 사건이 일어났다. 오순절 계통의 목회자이면서 근본주의적인 TV 설교자로 유명한 지미 스웨거트(Jimmy Swaggart) 목사의 타락이었다. 그는 평소에 음행과 불법과 비도덕에 대해 신랄한 공격을 퍼부었다. 그런 그가 성적으로 타락하고 말았다. 그는 "나 자신이 음행에 빠지게 된 이유는 내 곁에 아무도 없었기 때문이다"라고 고백했다.

삼손이 유혹에 넘어간 결정적인 이유는 혼자였기 때문이다. 마음을 나누는 공동체가 있었다면 쉽게 유혹에 넘어가지 않았을 것이다.

## 이번이 인생 마지막임을 인식하라

삼손은 블레셋 사람들에게 불려나가 재주를 부릴 때 그때가 마지막임을 인식하고 하나님께 간절히 기도했다. 하나님께 여러 번 부르짖으며 자신을 생각해달라고, 자신을 강하게 해달라고 간구했다. 삼손이 평상시에 이런 태도로 살았다면 유혹을 받았을 때 "안 돼!"라고 외치며 떨치고 일어났을 것이다.

삼손은 이제 자신의 삶이 막바지에 다다랐음을 느끼고 "이번만 나를 강하게 하사"(삿 16:28)라고 기도했다. 그리고 힘을 얻어 원수들을 무찔렀다. 이 땅을 살아가는 누구든지 이번이 내 생애의 마지막이 될지 모른다는 생각을 가지고 있으면 어떤 유혹이 와도 넘어지지 않는다.

각 분야마다 뛰어난 사람들이 있다. 그런데 그들 모두가 존경을 받는 것은 아니다. 어떤 사람은 한순간에 잘못된 길로 들어서기 한다. 1988년 서울올림픽 때 100미터 달리기에서 1등으로 들어온 캐나다의 벤 존슨(Ben Johnson) 선수는 당시 세계 신기록을 냈음에도 약물 복용으로 선수 자격이 박탈되고 말았다. 캐나다 CBC 뉴스 기자가 왜 약물을 복용했느냐고 묻자 그는 이렇게 대답했다.

"그동안 나는 훈련을 등한히 여기고 꾀를 부렸습니다. 챔피언
은 되고 싶었고, 그래서 할 수 없이 약물을 복용했습니다."

사도 바울은 에베소서 5장에서 다음과 같이 호소한다.

"세월을 아끼라 때가 악하니라 그러므로 어리석은 자가 되지 말고
오직 주의 뜻이 무엇인가 이해하라"(엡 5:16-17).

우리는 지금 이때가 하나님이 주신 시간이고, 내 삶의 마지막
순간이 될 수 있음을 인식해야 한다. 그러면 삶을 대하는 차원이
완전히 달라진다. 우리는 결코 이 땅에서 영원히 살지 않는다.
이 땅에서는 영원한 하나님의 집에 들어갈 마음의 준비, 몸의 준
비, 삶의 준비를 하는 것이다. 이러한 생각이 곧게 서 있으면 돈
쓰는 것이 달라지고, 사업하는 방법이 달라지고, 내가 가지고 있
는 것을 어떻게 사용해야 할지 길이 보인다.

대부분의 사람들은 언제나 내일이 있다고 생각한다. 내일이
있으니 오늘 대충하자고 말한다. 그런 사람에게는 길이 막힌다.
그러나 오늘이 내 생애의 마지막이라고 생각하며 사는 사람은
다르게 살아간다.

삼손은 언제 자신의 능력을 회복했는가? 그가 죽기를 각오하

고 일어설 때였다. 죽고 싶을 만큼 절망적일 때, 삶의 끈을 그냥 놓아버린다면 우리에게는 미래가 없다. 힘들어서 그만두고, 열 받아서 그만두고, 자존심 상해서 그만두고, 세상 돌아가는 것이 불합리해서 그만둔다면 우리의 앞길도 막히고 하나님 나라의 가치도 이루어지지 않을 것이다. 우리는 절제해야 하고, 참아야 한다. 말씀을 기억하며 참는 것이 절제이고, 그 순간을 자신을 죽이는 순교의 시간이라고 생각하면 하나님이 일하신다.

뉴질랜드에서 함께 섬긴 적이 있는 한 분은 토목기술사로서 회사를 운영하는 CEO이다. 한국에서 사업을 할 때 한번은 일을 발주한 회사의 간부 한 사람이 수주 대가에 대한 사례를 하지 않는다고 자신과 함께 간 직원 앞에서 욕설을 퍼부은 적이 있다고 한다. 듣고 있으려니 화가 치밀어서 주먹이라도 한 대 날리고 싶은 심정이었지만 "그래도 참아야 한다"는 설교 말씀이 귓가에 맴돌아 꾹 참았다는 것이다.

이렇듯 화를 참는 순간은 자신을 죽이는 거룩한 시간이다. 살아가는 동안 이렇게 나 자신을 죽여야 할 때가 얼마나 많은가? 만약 삼손이 삶의 순간마다 죽음을 생각하고 순교를 생각했더라면 절제를 잃지 않았을 것이다.

에스더는 하만의 계략으로 이스라엘 백성이 죽음을 당할 위기에 처했을 때, 왕이 부르지 않았는데도 죽을 각오를 하고 그 앞으로 나아갔다. 그러면서 그녀는 유명한 말을 남겼다.

"죽으면 죽으리이다!"(에 4:16)

그렇다면 삼손이 마지막으로 남긴 말은 무엇인가?

"삼손이 이르되 블레셋 사람과 함께 죽기를 원하노라 하고 힘을 다하여 몸을 굽히매 그 집이 곧 무너져 그 안에 있는 모든 방백들과 온 백성에게 덮이니 삼손이 죽을 때에 죽인 자가 살았을 때에 죽인 자보다 더욱 많았더라"(삿 16:30).

엄청난 파워와 스피드를 가진 최신형 자동차라 할지라도 운전자에 의해 제어되지 않고 굉음을 내며 마음대로 달린다면 사람의 삶을 윤택하게 하는 자동차가 아니라 사람을 죽이는 살인기구가 되고 만다. 마찬가지로 세상 모든 사람을 움직이는 힘과 권세를 지녔다 하더라도 그 누군가에 의해 제어되지 않는다면 자신은 물론 많은 사람을 위험에 빠뜨리고 말 것이다.

지금 무엇을 향해 달려가고 있는가? 돈인가? 성공인가? 쾌락인가? "지금 돌아오라"는 주님의 나팔 소리가 들리지 않는다면 우리도 삼손처럼 무너질 수 있다. 성령의 열매인 절제를 떠올려야 한다. 이미 우리 속에 내주하시는 성령을 인식하고, 유혹 많은 이 세상에서 절제의 사람, 성령의 사람이 되기를 축복한다.

아무리 힘이 좋고 능력이 있다 해도 그 힘과 능력을 절제할 수 없다면 다른 사람에게 수치를 당하고 만다. 삼손이란 인물은 하나님께로부터 특별한 힘과 능력을 받았지만 이성의 유혹을 절제하지 못해 이방인들에게 조롱을 당했다.

1. 내가 특별히 절제해야 할 부분은 무엇인가?

2. 삼손이 절제하지 못한 이유에 대해 생각해보라.

3. 삼손의 이야기를 통해 하나님이 나에게 특별히 주시는 교훈이 무엇인지 곰곰이 생각해보라.

"자기의 마음을 제어하지 아니하는 자는 성읍이 무너지고 성벽이 없는 것과 같으니라"(잠 25:28).

일상에서
천국을 맛보는
9가지 열매

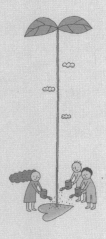

# 이제 일상에서 천국의 맛을 내자

우리 주변에는 믿는다고 하면서도 성품이 변화되지 않은 사람들이 참 많다. 교회에서는 장로인데 직장에서는 매너 없는 사람이고, 교회에서는 권사인데 혹독한 시집살이를 시키는 시어머니가 된다. 목회자들 역시 마찬가지다. 직업별 신뢰도 순위에서 목회자가 하위를 차지하고 있다는 것은 대단히 심각한 일이다.

우리는 성령을 통해 변화되어야 한다. 그러면 생각이 바뀌고 말이 바뀌고 성품이 바뀐다. 성령의 소욕을 좇아 행하라는 사도 바울의 호소는 우리가 평생 동안 해야 할 신앙운동이다.

성령의 열매는 크게 보면 한 가지다. 그러나 치열한 우리 삶의 현장에서는 9가지 열매로 나뉘어 이야기될 수 있다. 9가지 성령의 열매는 어느 것 하나 쉬운 것이 없다.

평생 동안 힘들게 모은 나의 재산을 훔쳐 달아난 사람을 '사랑'할 수 있을까?

차가운 감옥에 갇혔는데도 도리어 '기쁨'으로 여길 수 있을까?

자기 유익만 챙기는 이기적인 사람과 '화평'을 누릴 수 있을까?

내 뜻대로 돌아가지 않는 기가 막힌 상황에서도 '인내'할 수 있을까?

나를 죽이지 못해 안달하는 사람에게 '친절'을 베풀 수 있을까?

어떤 상황에서도 나를 희생하며 상대방을 챙기고 배려하는 '착함'을 보일 수 있을까?

재산 잃고 명예 잃고 생명까지 잃을 상황에서도 한결같이 '충성'할 수 있을까?

가슴 깊은 곳에서부터 끓어오르는 분노가 극에 달할 때에도 '온유'를 유지할 수 있을까?

나의 욕망을 건드려 무너지게 만드는 유혹 앞에서 '절제'할 수 있을까?

이것은 사람의 힘만으로는 불가능하다. 그러나 집주인이 바뀌면 집안 분위기가 바뀌듯 내면의 주인이 성령으로 바뀌면 우리의 삶에서도 성령의 열매를 풍성히 맺을 수 있다.

"좋은 나무가 나쁜 열매를 맺을 수 없고 못된 나무가 아름다운 열매

를 맺을 수 없느니라 … 이러므로 그들의 열매로 그들을 알리라"(마
7:18-20).

예수님의 말씀처럼 우리는 좋은 나무가 되어 좋은 성품의 열
매를 맺어야 한다. 그렇게 할 때 예수님이 약속하신 풍성한 삶을
누릴 수 있다.

"내가 온 것은 양으로 생명을 얻게 하고 더 풍성히 얻게 하려는 것이
라"(요 10:10).

예수님이 약속하신 풍성한 삶은 당신과 나, 우리 모두에게 열
려 있다. 세상이 우리를 실망케 하더라도 주저앉지 말고 일어나
자. 고통과 좌절의 일상에서도 그분이 맺게 하시는 성령의 열매
로 천국을 맛보며 살자. 이제라도 예수님이 약속하신 그 풍성한
하나님의 나라를 함께 누리면 정말 좋겠다.

국제제자훈련원은 건강한 교회를 꿈꾸는 목회의 동반자로서 제자 삼는 사역을 중심으로
성경적 목회 모델을 제시함으로 세계 교회를 섬기는 전문 사역 기관입니다.

일상에서 천국을 맛보는
9가지 열매

**초판 1쇄 인쇄** 2014년 5월 27일
**초판 1쇄 발행** 2014년 5월 30일

**지은이** 남우택
**펴낸이** 국제제자훈련원
**펴낸곳** 사단법인 사랑플러스
**등록번호** 제2013-000170호(2013년 9월 25일)
**주소** 서울시 서초구 효령로 68길 98(서초동)
**전화** 02)3489-4300   **팩스** 02)3489-4329
**이메일** dmipress@sarang.org

ISBN 978-89-5731-654-2  03230

※ 책값은 뒤표지에 있습니다. 잘못된 책은 구입하신 곳에서 교환해드립니다.